じゃあ言うけど、それくらいの男の気持ちがわからないようでは一生幸せになれないってことよ。

ＤＪあおい

幻冬舎文庫

じゃあ言うけど、それくらいの男の気持ちがわからないようでは一生幸せになれないってことよ。

DJあおい

男は「好きだ」と嘘をつく
女は「嫌い」と嘘をつく

男は弱さを隠すために
強さを装い
女は強さを隠すために
弱さを装う

女が覚えておいてほしいことほど
忘れちゃうのが男

男が忘れてほしいことほど
覚えているのが女

気持ちに余裕がなくなるほど
女を夢中にさせるのがいい男

適度に余裕を与えてくれて
適度に夢中にさせてくれるのが
もっといい男

会いたいと女に思わせるのは
いい男だけど
会いたいと女に言わせるのは
ダメな男

男は理屈で
女の感情をねじ伏せようとする
女は感情で
男の理屈をねじ伏せようとする

はじめに

世の中何があるかわからないものですね。まさか自分がこうして本を出版させていただけるなんて夢にも思っていませんでした。

始まりはTwitterだったんですけどね。自分の中にあった恋愛観なんかを自己満足のためだけに呟《つぶや》いていたんです。

最初フォロワーさんは100人程度だったんですけども気が付けば約20万人。

もうひとつのアカウントは約14万人。

いまだに何がどうなってこうなったのかよく理解できていません。

今は主にブログの方で活動しており、ありがたいことに月に約500万アクセスになるほどまでに成長させていただきました。このブログでは恋愛相談なんかを主にやっているのですが、毎日100通くらいの相談メールをいただくんですね。

そのほとんどが女性からのメールなんですが、女性というのは良くも悪くも〝わかってもらいたい生き物〟なんだなぁとつくづく痛感しています。

しかし、わかって肯定してあげるのはたやすいことなんですけども、それではただの慰めにしかならないんですよね。それで救われるのかといったら救われないんです。相談をしてくれる人が本当に望んでいることって「わかってほしい」ということよりも「自分を変えてほしい」というところだと思うんです。

でも悲しいかな、人が変わるときというのは傷付いたときなんですよ。痛い思いをして変わるのが人という生き物ですから。肯定してあげるだけでは人は変わらないので、悪いところは悪いとバッサリ切り捨てるようにしています。

まぁそうすると必然的に辛口になってしまうことが多いんですけどね……。

本書でもなるべく切り口は鮮やかにしてあげるように愛情を持って切り捨てています。ですので、この本を読んで少しでも〝切られて〟いただけたら幸いです。その痛みの分だけきっと変わることができるはずです。

自分が変われば見る目が変わる。見る目が変われば恋愛観が変わり、世界が変わる。

最後の１ページを閉じたとき、あなたの世界が変わっていますように。

contents

イラスト・つぼゆり／本文デザイン・西垂水敦（ｋｒｒａｎ）

1 モテるだけならわりと簡単

［でも本当の「いい男」がほしいなら……］

男性は基本的に女性を「守ってあげたい」と思う生き物でして。自分より強い女性はあまり好まないんです。

ですから、男性が女性に求めるものは「守ってあげたい」と思える〝弱さ〟だったりするんですよね。その弱さこそが、男性にとっての「付《つ》け入《い》る隙」になるわけなんですが、**したたかな女性というのはその弱さを自分で「演出」するんですよ。**

それがときに同性からは、男に媚《こ》びているように見えてしまうものなんですが、演出ができる女性は確かに複数の男性から好意を寄せられたりするんですよね。

けれどもしょせん演出した弱さに釣られてきただけの男ですから、まー大した男はおりません。

「モテたい」というだけならそれで満足かもしれませんが「幸せになりたい」というならそれでは不満しか残らないものなんですよ。

いい男がほしいなら、強い女であり続けること。ひとりでも強くあり続ける女の弱さに気付くことができるのが本当の「いい男」ってやつですからね。

隙のない女なんていないものですが、それに気付けるいい男もそんなにいません。

2 オス化女子の説明書

男に受け入れられない恐怖心をオス化で隠す女

オス化女子の特徴としては、言葉使いが乱暴、ところ構わずゲラ笑い、スッピンでも平気で外出、服装気にしない、部屋が汚い等々……。まだまだたくさんあるんですけどね。

ことごとく男性から恋愛対象外にされそうな特徴なんですよ。

これはですね、オス化することによって男性から受け入れられない理由を自分に与え、「男性から受け入れられないのはオス化しているからだ」と自分に言い訳をする心理が働いているんですね。

つまり、**女である自分を男性から受け入れてもらえないかもしれないという恐怖感か**

ら、あえてオス化して女である部分を隠しているわけなんです。女であることを怠けているともいえますね。

女は女であることを怠けるほど、オッサンになっていく、ということなんです。

この症状の大本にあるのは〝もっと男性から受け入れられたい〟という欲求ですので、オス化した女子ほど逆に男性の目を気にしている傾向があります。

3

好きになった人といつも付き合えないわけ

誰もが一度は陥《おちい》る恋愛の罠《わな》、解明します！

好きになった人といつも付き合えない人は、〝どんな感情を「好きだ」という気持ちと認識しているのか〟……その認識に問題があるケースが多いですね。

その人と一緒にいると緊張で逃げ出したくなるのが「憧れの感情」であり、その人と一緒にいると楽しくてもっと一緒にいたいと思えるのが「恋愛感情」である――と言いまして。

好きになった人といつも付き合えない人というのは、相手に対する憧れの思いを、好きだという感情と誤って認識してしまっている場合が多いんですよ。

居心地というものは良くも悪くも共有されてしまうものですから、あなたが緊張して居心地が悪くなれば、相手にとってもそこは居心地の悪い場所になってしまうんですね。すると、居心地の良い空気を共有できない関係が恋愛関係に発展するわけもなく、好きになった人とは一生付き合えない――という結果に繋《つな》がってしまうわけです。

恋人というものはときとして親友のような関係でもありますから、その人がもし同性なら親友になれたであろう異性こそ、良い恋人になれる存在なんですよ。

まずは自身の好きだという感情の認識としっかりと向き合い、一度払拭《ふっしょく》してみることです。そうすることによって好きだという感情の先入観がなくなり、自分の好きだという気持ちがよくわからなくなります。実は好きだという感情はよくわからないのが正解なんです。

よくわからない感情だからこそ末永く続くものなんです。本当に好きになった人ほど、なんでその人を好きになったのかよくわからないものですからね。

恋愛に両思いなんてありませんよ。良い恋愛ほどそこには片思いがふたつあるだけなんですからね。

4

顔を重要視すべきか性格を重要視すべきか

本当に幸せな恋愛ができるのは、どっち!?

幸せな恋愛をするために、相手の顔を重視すべきか、性格を重視するべきか、といった質問をいただくことがあります。答えは簡単です。

- **顔で選ぶと、顔で別れることになります**
- **性格で選ぶと、性格で別れることになります**

自分の住むコミュニティというのは、自分が思っている以上に狭いものでして。それが様々な人間関係を経て次第に広がっていくものなんですね。そして自分のコミュニティが広がる度に様々な新しい出会いがあるわけです。

顔や性格で好きになれる人を選んでしまうと、この先広がるであろう人間関係の中から必ずそれを上回る人が出てきます。

その度に気移りしてしまい、気もそぞろな落ち着かない恋愛になってしまうわけですね。

環境が変わると破綻《はたん》してしまう恋愛の多くは、この〝顔や性格で好きになれる人〟を選んだ結果なんですよ。

そうならない人、つまり心の底から本当に好きになった人というのは、

この人よりカッコいい人はたくさんいる、この人より優しい人もたくさんいる、でもこの人はこの人しかいない。

という存在そのものを肯定するような好意を持たせてくれる人なんですね。

繰り返しますが、好きになれる人を選んで好きになった人より、「なんで好きになってしまったのか意味がわからない人」の方が、結果的に長くお付き合いできる人になるんですよ。ですから、顔か性格かで悩んでいる時点でその相手は〝本当に好きになった人〟ではなく、幸せな恋愛ができる相手とは程遠い可能性が高いんですね。

5 どうでもいい異性ばかりにモテるタイプ

恋愛至上最大の謎を解き明かす

〝気になる人の前では緊張して無口になってしまうけど、どうでもいい人の前だと思い通りに喋《しゃべ》れる〟。これって典型的な「気になるタイプ」なんです。

どうでもいい人にモテてしまうタイプ」なんです。

嫌われたくない！　と思うと自分らしさなんて全然出せないんですよね。

何も言えず何もできず、自分の存在を抑制して、ただ遠くから見ているだけが精一杯になってしまう〝あるある〟ですね。

特別な感情を抱いていない異性に対しては、べつに嫌われたくない！　という感情も好かれたい！　という欲求も働かないわけですから。

だからこそ、余すことなく「他人から嫌われてしまうかもしれない自分」を出せてしまうわけです。

実はですね、自分らしさというのはこの「嫌われてしまうかもしれない」と思っているものの中にこそあるものなんですよ。

自分の魅力というのは自分らしさの中にあったりしますからね。

これが結果どうでもいい人からモテてしまうというスンポーなんです。

6

恋人がすぐにできる人となかなかできない人の違い

希少価値の高い男をゲットしたいなら……

とっかえひっかえすぐに恋人ができる人というのは、独り身では充実できない寂しさを持っている人なんです。

恋人がほしいわけではなく、ただ充実した時間がほしいだけなんですね。

一方なかなか恋人ができない人というのも、これも実は独り身では充実できない寂しさを持っている人なんですよ。充実感が人を魅力的にするものですから、独り身でも充実できるスキルを持っていないと、自分の魅力が最大限に引き出されないわけですね。

では「恋人がすぐにできる人」と「なかなかできない人」の違いはなんなのかといったら、それはただ単に、上っ面の見た目の善《よ》し悪《あ》しだけなんです。要するにひとりだと充実のひとつもできないような女じゃ、男は中身なんか見ちゃくれないってことですね。**素敵だと思える女性ほど、実は独り身の期間というものは案外長いものでして。**でもそれは恋人ができないのではなく恋人が必要ないほど充実しているだけなんですね。

男は自分より充実している女性には引け目を感じてしまうものです。充実するということは、つまらない男を寄せ付けないことにも繋がるわけですね。**ですから独り身で充実しているときというのは、いい男しか寄ってこないものなんですよ。**いい男というのは希少価値の高いものですから、それほどモテるという感覚ではないものかもしれませんけどね。

結論を言うと、ただモテることだけを目的にするのなら、上っ面だけ小綺麗《こぎれい》にして寂しいアピールしてりゃわりと簡単なんですよ。

簡単なことはたいていつまらないことですけどね。

7

理想の人と運命の人は違う

「理想の人」という犠牲者を生み出すな！

自分にとっての「理想の人」を「運命の人」なんて言ってしまうものなんですが、その人はあなたにとっての理想を演じてくれているだけであって、実際のその人の人物像とは異なる場合がほとんどなんですよね。

これは恋愛初期によく見られる状態なんですが、相手にがっかりされないためにその人の理想に自分を合わせてしまうんですよ。そうすると本来の自分を出すこともできず、いずれその人の理想を演じることに疲れ果ててしまい、その恋愛は短命に終わることが多いんですよね。

あなたの「理想の人」という勝手な幻影が「運命の人」という虚像

をその人に押し付けてしまい、その枠からはみ出すことを許さない窮屈な恋愛になってしまうわけです。

「理想の人」という幻影を求めなければ「理想」という呪縛《じゅばく》から解き放たれ、「なんで好きになったのかよくわからない」という理解不能な恋愛ができるようになります。

それこそが「運命の人」に出逢えるようになる恋愛です。**理想というものはあくまでも想像の範疇《はんちゅう》の中にあるもの。運命というものは想像の範疇の外にあるものなんですよ。**

女が言う『大丈夫』は
（本当は）『大丈夫じゃない』というより、
『大丈夫じゃないけどお前はそ

れに気付くな』

の方がなんとなくしっくりくるなぁ。

——女が言う『大丈夫』は『大丈夫じゃない』と本気で思ってる男はめんどくさいよね

8

惚れやすく冷めやすいわけ

いつも同じタイプの異性を選ぶ人、要注意！

「惚れやすくて冷めやすい」「お付き合いする人が頻繁に入れ替わる」という人にはある共通した傾向があるんですよ。

それはですね、〝いつも同じタイプの異性を恋人に選んでいる〟ということなんです。

そういう人は自分が追い求めている理想のタイプにひとつでも共通点を持っている人に出会うと、恋愛アンテナがすぐビビビッ！　と反応しちゃうわけです。

そこでお付き合いをするとするじゃないですか。そうするとですね、なんと今度は自分の〝究極の〟理想のタイプとは異なる点が気になってしまうんですね。

この異なる点が気になった時点から急激に冷めていってしまう——これが「惚れやすくて冷めやすい」人の正体なんです。

つまり、「惚れやすくて冷めやすい」人は、自分の理想のタイプを追い求めすぎてしまう人でもあるんですね。

そしてこのタイプの人の失恋直後によく見られる行動が、寂しさを埋めるためだけに恋愛を求めてしまい、寂しさの元凶となる、前の恋人の幻想を追い求めてしまうことです。でもぴったり同じ人間なんているわけもなく、次第に前の恋人とは異なる点に違和感を感じてしまう……という悪循環の繰り返しをしてしまうんですね。

ちゃんと失恋から自立した人というのは、ちゃんとその人のことを忘れることができた人でして。忘れるということは無関心になるということですから、前の恋人と同タイプの人にはあまり関心を示さないようにできているんですよ。

ですから「惚れやすくて冷めやすい」人は、失恋が下手な人でもあります。

9

そして惚れやすい人と惚れ難い人の違い

この人好きかも？という気持ち、相談するか抱え込むか

「この人が好きだ」という確信を持つ前に、〝モヤモヤッとした感情を感じる〟ことは両者共に共通なんですけどね。その後からが違うんです。

モヤモヤッとした感情が生じたとき、誰しもが「もしかしたら好きなのかもしれない」と感じるものですよね。

この感情をひとりで抱え込んでしまうのが〝惚れ難《にく》い人〟です。

このタイプの人は「好きなのかもしれないけど気の迷いかもしれない」と、いつまでも曖昧な感情に右往左往して確信が持てず、**そんなことをしている間によその女に出し抜かれる。**そして手遅れになった後にやっと「やっぱり好きだった」と

確信を得てしまうんです。

つまり、惚れ難い人というのは後手後手になりがちでタイミングが悪いんですね。

一方〝惚れやすい人〟というのは、モヤモヤッとした感情をひとりで抱え込みません。すぐ友達や親きょうだいに相談する人が多いですね。

人間というのはアウトプットすることでモヤモヤッとした気持ちに輪郭を与えて、その気持ちを確かなものにする習性があります。だからこそ「好きかもしれない」と言葉にしたときに、その気持ちは確かなものに変わるわけですね。

ですので、惚れやすい人というのは相手に思いを伝えるタイミングを摑《つか》むことには長《た》けていますけど、モヤモヤッとした感情を得る度に友達や親きょうだいに相談するので結論が早く出すぎる傾向があり、恋愛のサイクルが早くなりがちな難点もあるんですよね。

両者一長一短ではありますが、自分がどちらの傾向かを自覚しているだけでわりと自分を律することができますよ。

10

既婚者や彼女持ちに惚れてしまうわけ

あなたの恋愛スイッチ、壊れていませんか？

その人が既婚者なのか彼女持ちなのかフリーなのか、それがまだわからない程度の距離感では、恋愛感情ではなく「ただの興味」に止《とど》まるのが通常の恋愛感性なんです。

そしてその興味から徐々に距離感を縮めて、その人が既婚者だったり彼女持ちだったりフリーだったりがわかるようになるわけですね。そこが分岐点となり「ただの興味」から友達としての好意になったり、異性としての恋愛感情が芽生えたりするわけです。

これが女性が身に付けなければならない最低限の「恋愛感情に発展するまでの距離感」なんですね。

好きになる人がことごとく既婚者だったり彼女持ちだったりする人というのは、この距離感の概念が皆無なんですよ。それは「その人のことを自分はどの程度知っているのか」ということが恋愛のスイッチになるのではなく、「その人が自分のことをどの程度理解してくれているのか」というところに恋愛のスイッチがあるからなんです。

つまり**「その人のことはよく知らないけど自分のことをよく理解してくれているから好き」**という理由で恋愛感情に火がついてしまうわけです。

そして、その人が既婚者だったり彼女持ちだったりがわかる距離感まで近付いたときにはもう後の祭り。引くに引けない恋愛感情に振り回されて悲恋まっしぐらになってしまうわけですね。「自分のことを知ってもらいたい」という欲求がその人がどんな人なのかを見誤る材料になってしまうわけです。**これは「誰かに認められたい、自分を見てもらいたい」という承認欲求が出てしまっている女性にありがちですね。**

ハナからまともに恋愛する気なんてサラサラない身体《からだ》目的の既婚者や彼女持ちには格好の餌《えさ》に見えるでしょう。お気をつけて。

11

「妹のような存在」と言われたときの教科書

脈ありなの？　なしなの？

男性の言う「妹のような存在」というのにとまどっている女性がけっこう多いんですよ。

これを言われると「どないやねん！」という気持ちになってしまうんですよね。脈があるのかないのか判断に困るわけですよ。

そこで簡単な判断基準をひとつ。

- **その人に実の妹がいれば脈なし**
- **その人に実の妹がいなければ脈あり**

どういうことか説明しましょう。

妹のいない男性は、妹という存在に多大な幻想を抱いているケースが非常に多いんです。長女の理想のタイプが歳上《としうえ》の頼りがいのある兄のような存在であるように。

つまり、妹のいない男性の理想のタイプは、「可愛らしくて素直な妹のようなタイプ」である可能性が高いっちゅーわけです。

いっぽう実の妹がいる男性は、小生意気でリアルな妹像をご存じなわけですから、妹のような存在というのは恋愛対象外になるケースが多いというわけです。

まぁこれがすべてではありませんが、ひとつの判断材料にはなると思いますよ。

12

生理的に無理とは

ヒント↓「女は鼻で恋をする」

「嫌い」は感情、「生理的に無理」は本能、と言いまして。

人を嫌いになるのには必ず何か感情的な理由がありますが、「生理的に無理」というのには理由がない。つまり本能なんです。

自分の嫌なところと同じものを持っている人のことを「生理的に無理」と拒絶する方もいます。しかしこの場合は「嫌いな理由も考えたくない」という意味合いなので、理由はちゃんと存在しているんですね。

では本当の「生理的に無理」とはなんなのか。

ずばり、遺伝子の拒否なんです。

要するに「この人の子供はいらないよ」と、頭ではなく身体が拒絶しているわけです。これはですね、主に嗅覚で判断しているものでして。

嗅覚というのは不思議なもので、たとえその人が超絶イケメンでブリブリ優しくて、お金もジャンジャンバリバリ稼いでいて自分のことをちゃんと愛してくれていても、そんな〝理由〟なんて匂いひとつで吹き飛んでしまうものなんです。

つまり自分と合わない匂いを感じとってしまったらもう即アウトなんですね。これこそ「生理的に無理」というものです。これは逆も然《しか》りでして、どんなに冴えない男でも、匂いが良ければ意味不明な恋に落ちてしまうものなんですよ。

だから女性は好きな人の匂いが大好きなんです。

巷《ちまた》でよく言われる〝女は耳で恋をする〟というのは実は間違いでして、〝女は鼻で恋をする〟というのが正解なんです。ちなみにこれは女性特有の能力なので、男性が「生理的に無理」と言うのはちょっと違います。あしからず。

13

男に追いかけられると冷めるわけ

好かれると逃げたくなるの、なんで？

これは女子にありがちなやつですね。

好意を寄せていた男性から好意を寄せられると、急激に冷めてしまうというケースは少なくありません。なぜかというと、**「人に好意を抱くことは、その人を見つめるということ」であり、「人の好意を受け入れるということは、自分を見つめるということ」だからです。**

つまりですね、人に好意を抱いているときは自分から目を背けていられるんですが、人の好意を受け入れるとなると、「自分にそんな価値はあるのか」「自分にそんな器量はあるのか」と、自分自身を見なきゃならないんですね。そこではじめて自信のない自分と向き合い、そんな自信のない自分に嫌悪感を感じてしまうわけです。

そして当然嫌いな自分に好意を寄せている人にも嫌悪感を感じてしまうわけですよ。

これが追いかけられると冷める心理です。

これは自分自身にコンプレックスを抱いている人に多い傾向なんです。

自分から目をそらした恋愛ではどこまでいっても片思い、自分と向き合った恋愛ができてはじめてその恋愛は成就されるわけです。

14

俺のどこが好き？　とか聞いてくる男

優しい人、カッコいい人、面白い人もたくさんいるけど……

以前、こんな相談をいただきました。

『先日彼に「俺のどこが好きなの？」と聞かれました。私は「どこっていうか好きだから好きなんだよ」と言いました。彼のことはすごく好きなのですが、好きなところというとすぐに思い浮かばないのです。彼には「好きなとこがポンポン出てこないなんて俺のことが好きって思い込んでいるだけで執着してるだけだね。なんで好きだったんだろう？　っていつか思うよ」と言われました。彼が言っている通りなのでしょうか？』

たとえば「彼の優しいところが好き」だとしましょう。

これは彼が好きなわけではなくて優しさが好きだということになりますので、彼より

優しい人が現れればそちらに靡《なび》いてしまう感情なんですよね。

好きな理由なんて条件付きの愛情でして、理由のない感情ほど無条件の愛情ですから、条件付きの愛情は脆《もろ》く、無条件の愛情はなかなかしぶとい愛情なんですよ。

優しいから好きなわけではなく、好きだから優しさが沁《し》みるんです。

カッコいいから好きなわけではなく、好きだからカッコよく見えてしまうんです。

面白いから好きなわけではなく、好きだからどんなにつまらないことでも一緒に笑い合えるんです。

その人より優しい人は他にたくさんいるんです。
その人よりカッコいい人だってたくさんいるんです。
その人より面白い人だってたくさんいるんですよ。
でもその人は世界中のどこを探してもその人しかいないんです。

それが理由なき無条件の愛情なんですね。ですので、なんら気にする必要はありません。

『あいつまじ死んでほしい！』と陰口を叩いて
数時間後にその人が事故でお亡くなりになったら、いくら嫌いな人でも
凄い罪悪感に苛《さいな》まれると思うんだ。
だから陰口は、

『あいつまじ
ラブホテルの

エレベーターで
両親と鉢《はち》合《あ》わせし
てほしい！』

みたいな命に別状のないレベルに
抑えとくべきだと思う。

――全然関係ないんですけど、人の陰口って自分の姿が見える鏡がある場所ではなかなか言えなくなるものらしいですよ。
人の陰口を言っているときって自分から目をそらしているときなんでしょうね

15

前の女を悪く言う男ほど信じるに値しない

それは「自分は悪くない！」と思っている男

以前、こんな相談をいただきました。

『心を寄せている彼は過去の彼女さんたちに浮気されたり裏切られたりしていたみたいで、「女はみんな同じだ、信じられない」と言うのです。私はそんなこと絶対しないと言葉で伝えたり態度で示したりしているのですが、なかなか信じてもらえません（友達としては信頼してくれてるようですが……）。彼の考えてることがわからなすぎて思いを伝えることができず、躊躇《ためら》っています。私はどうしたらいいのでしょうか？』

前の恋愛を引き合いに出して「もう女は信じられない」と言う人はですね、「自分は悪くない！」と思っているんですよね。

まぁ確かに理不尽な別れもあるんですけども、恋愛において自分の過失がゼロということはないと思うんですよ。

過去の恋愛を思い返せば誰もが「若かったなぁ……」という部分が見えたりするものですし、その若かったと思える分だけ成長しているんですよね。

恋愛というものは、その人を信じている自分の気持ちに責任を持つことであり、裏切られてもそれは信じた自分の責任でもあるんです。

そして、相手を信じるということはそれなりの覚悟が必要なんですよ。

「裏切られたー、裏切られたー」と騒ぐ人ほど「信じる責任」を背負って来なかった人なんです。

その元彼女がどんな女たちであろうと、前の女を悪く言う男ほど信じるに値しない男はいません。

恋愛云々《うんぬん》以前にそこら辺のケアが必要だと思いますよ。

16

男女間における友情と恋愛感情

男と女の永遠のテーマに終止符を打つ

友情は絵画であり
恋愛は音楽である

絵画は部屋に何枚も飾ることができるが
音楽は一度に一曲ずつしか聴けない

なんつって。

男女間におけるラブとライクの違いは永遠のテーマではありますけども。

自由度が高いのは友情の方なんですよね。

友情と比べると恋愛感情の方が圧倒的に不自由な思いをするものなんですよ。

友達には言えても、恋人に言えないことはたくさんありますし。

友達なら許せても、恋人なら許せないこともたくさんありますし。

友達なら気にならないことでも、恋人だと気になってしまうこともたくさんありますし。

恋愛感情というものは不自由なものなんですけども、それが心地好いのが恋愛感情でもあるものでして。逆に友情のような自由では不安になってしまうのが恋愛感情なんですよね。


自由が心地好いのが友情、不自由が心地好いのが恋愛感情、そんな感じですかね。

17

自分の話をしない男の取り扱い説明書

今日あったことを聞くより〝明日の話〟を振りなさい！

以前、こんな相談をいただきました。

『あおいさん、相談にのってください。私は彼になんでも話してほしいと思っています。今日何してたとか、仕事内容とかその他なんでも……。なのに彼はあまり私には話してくれません。友達には話しているみたいなのに、彼女に話したくない心理とはどういうものなのでしょうか？　どうしたらもっとなんでも話してもらえるようになれるのでしょうか？』

男にとっての恋愛とは生活の一部であり、女はその一部に生活のすべてを捧げる生き物である――と言いまして。

まぁ少し誇張した表現ではありますが、多くは違いません。

男性の脳は女性の脳ほどマルチタスクにはできていないものでして、基本的にひとつのことに集中する生き物なんです。

ですから仕事は仕事、恋愛は恋愛と、カテゴリー別に保存するところが違うんですね。

要するに仕事と恋愛を同じチャンネルに混在させることが苦手なんです。仕事には仕事の自分があり、恋愛には恋愛の自分があるのが男性なんですね。

また、男性は基本的に過去より未来を重視する生き物ですから「今日は何をしていたのか」という会話よりも「明日は何をするのか」の方が食い付きはいいです。

過去を探るのではなく未来を引き出し、その引き出した未来から過去を築いていくのが男と女の上手なコミュニケーションのコツなんですよ。

引き出した未来を具現化できれば、それは共有できる過去になりますからね。

18

すぐに飽きられる女

［それは恋愛感情の成り立ちを知らない女］

言いたいことを言うよりも、言いたいことを我慢する。

恋愛関係においてこういう女性が多いんですけども、**そんな女性ほどすぐに男性に飽きられてしまう傾向にあるんですよ。**

逆の立場で考えてみるとよくわかるんですけどね。

自分の意見を自分の意思で伝えてくれないと、相手はあなたのことがよくわからなくなってしまうんです。あなたは「何が良くて」「何が好きなのか」がまったく見えなくなってしまうんですね。

よくわからない相手にいつまでも関心を抱けるほど人間は寛容にできていませんから、

感情がフェードアウトするようにゆっくりと、しかし確実にあなたに対して無関心になってしまうわけです。

恋愛感情というものは気持ちが揺さぶられてこそ生じるものでして。

気持ちが揺さぶられるとはつまり、自分の考えとは異なるものに感化されるということなんですよ。

自分とは異なる意見、自分とは異なる意思。

そういうものに、ときには腹を立てたり、ときには敬意を感じたり……そんなふうにして、自分の気持ちが揺さぶられてこそ恋愛感情は成り立つものなんですよ。

結論を言いますと、意思の感じられないお付き合いなんて相手からしてみれば、ゾンビと付き合っているようなものです。人間同士のお付き合いなら意思の違いがあって当たり前。その違いこそが恋愛関係をより深くするものなんですね。

すぐに飽きられがちな人、今すぐ言いたいことを言いましょう。伝えましょう。

19

「好きすぎる」という勘違い

好きすぎる＝弱すぎる

恋愛において（相手を）「好きすぎる」ということは100％ないんです。

嫉妬してしまうのは好きすぎるから？　疑ってしまうのは好きすぎるから？　依存してしまうのは好きすぎるから？　違います！　これらは実は「好きすぎる」という理由をくっつけることで自分の弱さを肯定しているだけなんですよ。

正確には「好きすぎる」のではなく「弱すぎる」だけなんですね。

この気持ちは「好きになってしまったのは相手のせい」と考える、人を好きになることへの責任感の欠如から生じる弱さなんですよ。

好きになってしまった責任を相手に押し付けているわけですから、おのずと見返りを求めるようになってしまい、その見返りを求める気持ちが嫉妬や反動形成（ツンデレ的なこと）になって表れてしまうわけです。

人を好きになるのは誰のせいでもない自分の自由意思です。そして、自由には責任が伴うものですからね。その責任（感）が人を好きになる強さになり、その強さを伴った感情が愛情というものになるんです。

愛情は穏やかな感情であり、「好きすぎる」というような激しく感情を左右されるものではないのであしからず。

20

恋愛相談をした異性に恋愛感情を抱いてしまう理由

それはお互いの異性としての部分が露呈されるから

まず女性から男性に恋愛相談を持ち掛けたとします。この時点ではまだ友達としての関係ですよね。

友達関係＝友情というものは同質なものに惹《ひ》かれるものであり、恋愛感情というのは異質なものに惹かれるものであるので、この時点ではまだ異性としての異質なものに惹かれているわけではなく、同質なものに惹かれているただの友達なわけです。

しかし恋愛相談をするにあたっては、相手に対して自分の「女としての部分」を見せなきゃならないわけです。恋愛というのは女の「女としての部分」と男の「男としての部分」が惹かれ合うものですから、恋愛相談をする際はどうしたって自分の「女としての部分」を晒《さら》さなきゃならないわけなんですね。

そして相談を受けた男性は、自分の「男としての部分」で答えなきゃならないわけです。

今まで同質なものに惹かれ合っていたふたりが、お互いの異質な部分でコミュニケーションを取らなきゃならなくなる……。恋愛相談に親身になればなるほど、女としての部分と男としての部分が露呈されて、お互いを異性として意識するようになってしまうわけです。**つまり恋愛相談というのはお互いの異性としての部分を引き出すコミュニケーションになるわけなんですよ。**

これが「異性に恋愛相談をするとその人に恋愛感情を抱いてしまうカラクリ」なんです。

これを応用してですね、少し気になる人にその人が好きだということを伏せて恋愛相談を持ち掛け、自分を異性として意識させるというズル賢い手段がありまして。まぁやり手な女がよく使う手段でもあるんですけどね。

計算高い駆け引きは裏目に出ると自己嫌悪の元になるので、オススメはできないですよ。

21

友達止まりな女の傾向

［いつも〝友達としてしか見られない人〟必見］

恋愛対象にまで発展できず、友達止まりが多いというのは、自分の女性らしさにコンプレックスを抱いている人に多い傾向なんですよ。

こういう人は自分の女性である部分を出すことに恐怖心を感じてしまっているわけです。

それは過去の失恋から自分の女性である部分に自信をなくし、好きな人に女性として見られたい反面、「女性として見られなかったらどうしよう」という不安から生じている恐怖心なんですね。ですので、好きな人と接しているときほど自分の女性である部分を隠してしまい、異性としてではなく、同じ人間同士として接してしまうわけなんです。

同質なものに惹かれ合うのが友情であり、異質なものに惹かれるのが恋愛感情ですから、相手に自分の女性である部分を晒け出せないと、結果的に友情止まりになってしまうわけです。だから、自分の女性としてのコンプレックスにちゃんと向き合い、消化すれば、「友達止まり」も卒業できるはずですよ。

これはサバサバしている女性に多いケースでもあります。多くの場合、自分の女性らしさを隠すために身に付けた自己防衛のためのサバサバですから、〝サバ女〟ほど恋愛に関しては消極的で臆病だったりするものです。

男性の下ネタは
ちょっとファンタジーで幼児性があるけど、

女性の下ネタはドキュメンタリー性が高く、

それを聞いた男性は、だいたいが『うわぁ……』って顔でドン引く。

——たとえるなら女性の下ネタは『実録警察24時』で、男性の下ネタは『こち亀』

22

悲恋でなければ恋愛できない病

幸せになると恋愛感情が冷めてしまう悲しい病気……

今が幸せなのに過去や未来から不安材料を無理矢理持ってきて、今を不幸せに染めようとしてしまう悪癖がある人は、「悲恋でなければ恋愛できない病」の可能性が高いです。

この病にかかっている人は、恋愛をしたいがために過去や未来から不安材料を引っ張ってきて恋心を保っているというわけですね。

でも本当は未来なんて不確定なものに不安材料を探してもキリがないんですよね。

また過去に不安材料を探す例としてわかりやすいところで言えば、彼の前の彼女に嫉妬したりね。

こういう人は幸せになると恋愛感情が冷めてしまう傾向が強いんです。相手との関係になんの不安もなくなると飽きて、別れて、また次の悲恋を探す、そんなダメループの繰り返しになりがちです。

でもこれはほんの少し自覚を持っているだけでだいぶ改善されますよ。

恋愛というものは、過去や未来にするものではなく、〝今この瞬間〟にするもの。そしてその瞬間の繰り返しなんですよ。

起こってもいない未来の不安を信じて、二度と戻らない幸せな今を疑ってどうするよ。

23

悲恋になりがちな女の生態

ただただ消耗するだけの悲恋から抜け出せ！

恋愛する度に悲恋になってしまう女性はですね、悲恋が実って幸せな恋愛になると、飽きてしまうことが多いんです。

そしてまた次の悲恋を探してしまうという体たらくなんですよ。

要するにですね、悲恋でなければ恋愛感情が湧かない体質なんですね。

こういう体質の人たちは、深層心理で幸せになるのが怖いという恐怖心を持っているんです。だから幸せになれないような恋愛しかできないんですよ。

これはですね、自分自身が変化することを拒絶しているのも原因のひとつでして。

人間というものは幸せになるために変化を繰り返すものなんですけど、彼女たちはその変化を拒絶して、現状維持を選び続けてしまったんですね。
すると知らないうちに不幸にどっぷり浸《つ》かってしまい、不幸の沼地で現状維持を続けているうちに、そこが自分の居場所になってしまっているんです。

そこから抜け出すためには、まずは自分の殻を破り、今の自分から脱皮することですね。

昨日の自分に負けないこと、その繰り返しの中で人は変化していくものなんです。

24

頑張る恋愛は報われない

そして自分が嫌になる……

恋愛において「頑張る」ということは決して良いことばかりではないんですよね。むしろマイナスに作用してしまうことが多いんですよ。「頑張る」のは「愛されたい」という欲求が原動力になっているので、「愛されていない」今の自分を否定する行為でもあるんですね。ですから頑張れば頑張るほど「愛されたい」という欲求だけが膨らみ、頑張れば頑張るほど自分が嫌になってしまったりするわけです。

そうするとどんどん悪循環に陥り、ただただ消耗していくだけの報われない悲恋になってしまいがちなんですよね。

大事なのは「愛されることに頑張ること」ではなく「愛することを楽しむこと」なん

です。**楽しむことは今の自分を肯定することですので、愛すれば愛するほど自分を好きになっていくわけですね。**

恋が報われる者は頑張った者ではなく楽しんだ者。そして人は愛することを楽しむことによってこそ磨かれるものなんです。

その差は一目瞭然。愛されようと頑張る女よりも、愛することを楽しむ女の方がより美しく劇的に変化するものです。

25

恋愛をコントロールせよ

［そのために「褒め」の魔術師たれ！］

たとえば人から「優しい人」と褒められると、その人の前では優しい自分になってしまうものでして。「褒める」ということはその人をコントロールする術《すべ》のひとつなんですよね。

お付き合いが長くなると、なかなかお互いを褒め合うことがなくなってきてしまうものなんですが、褒め合うことがなくなるからお互いがお互いをコントロールすることができなくなり、褒め合いの欠如から「すれ違い」が生じてしまうわけです。

女は女として褒められないと、その人の前では女でなくなってしまうものなんです。

男は男として褒められないと、その人の前では男でなくなってしまうものなんです。

そうなると、女は女として、男は男として接してくれる人に気移りしてしまうなど、褒め合いの欠如からトラブルが生じてしまうケースも少なくありません。

お互いがお互いの前で男と女であることを放棄してしまったら、それはもう恋愛ではなくなってしまうんですよね。

「褒める」ことで、
惚れた男をいい男にするのがいい女。
惚れた女をいい女にするのがいい男。

ということです。

26

フラれて当たり前の告白

人に好意を伝えるには技術が必要です！

片思いに耐えられなくなってからする「自分の気持ちにケジメをつけるためだけの告白」ってだいたい玉砕するんですよね。

その告白は「その人が好きだから」というよりも「その人を好きでいることに疲れてしまったから」という思いの方が強くなってしまっているものですから、好きだという気持ちを相手に投げ棄《す》てるような告白になってしまうわけです。

我が身をこれ以上傷付けないための保身的な告白ですから、告白した方はそれでフラれてもわりとスッキリしちゃうわけですけども……。

しかしこれは「傷付かないフラれ方」なので、何も得るものがないんですよね。

人というのは傷付いて痛い思いをしてようやく変わっていく生き物ですから、傷付かないフラれ方では何も変わることができないわけです。

変わらないということはまた同じことを繰り返してしまうということ。いつまで経《た》っても報われることのない恋心に翻弄《ほんろう》されてしまうということです。

人に告白し、好意を伝えるということは技術が必要です。溜め込んだ思いを投げ棄てるような伝え方では決して伝わることはありません。

「あなたといると楽しいですよ」「あなたといると落ち着きますよ」「またあなたとお話ししたいですよ」——そういう丁寧で小さな告白の積み重ねの頂《いただき》に「あなたのことが好きですよ」という告白があるわけですね。

27

良い恋愛に巡り会うための最短コース教えます

最もあなたが魅力的に輝くときも教えます

寂しさを埋め合わすためとか、欲求を満たすためとか、恋愛をするにあたって何か目的があるときというのが、最も人を見る目がなくなっているときなんですね。目的があるとそれだけに執着してしまい、人の本質が見えなくなっちゃうんです。その目的の最たるものが「好きな人がほしい」というものです。これでは良い恋愛になんて巡り会えるわけがありません。では良い恋愛に巡り会えるときはどんなときなのかといったら、「何も考えていないとき」なんですね。

何も考えていない（考えなくていい）ということは、満たされている・充実しているということなんです。**こういうときが最も視野が広くて冷静な判断ができるし、また最**

も自分が魅力的なときでもあるんです。

要するに男がいないときは「男なんていらねえやっ！」って思えるほど独り身を楽しんで、何も考えなくていいほど**思いっきり充実して生きるのが良い恋愛に巡り会える最短コースになるんですよ。**

そうすれば「好きな人がほしい」という目的のために、「好きになれる人を選んで好きになった」ときより、選べないくらいに多くの好きな人に巡り会えますよ。

28

恋愛における大事な三つの相性

時間とお金と○○と……

恋愛においては、相性というものがふたりを結び付けるものになるわけなんです。

これにはもちろん様々な相性があるんですけど、その中で特に大事な相性というものは、時間の相性、金銭感覚の相性、そして食事の相性なんです。

これらの相性がいいからといって必ずしもうまくいくわけではありませんが、これらの相性が悪いとだいたいはうまくいきません。

まず「時間の相性」なんですが、これは生活リズムの相性のことですね。

夜型の人と昼型の人とでは、やはり時間的にすれ違いが多々生じてしまいますので、どちらかが合わせようとすると、どちらかがストレスを蓄積してしまいます。

また、生活リズムというものは人格を形成するものでもありますから、夜更かししがちな人と早寝早起きな人とでは、やはり相性のズレが生じたりするんですよ。ですので、時間の相性は地味に大事だったりします。

次に「金銭感覚の相性」。この相性が合わないと、相手をケチだと感じたり、浪費家だと感じたりしてしまうんですよね。これは**好き嫌いに直結する相性**ですから、恋愛感情に関係なく嫌悪感を抱いてしまうことも少なくありません。お金で愛は買えないけれど、お金で愛は壊れてしまうってことです。とてもとても大事な相性のひとつですよ。

そして最後に「食事の相性」。これは身体の相性にも繋がるものなんですけど、**一緒に食事をしていて美味《おい》しいと感じる人とは身体の相性もだいたいいいものなんですよ。**

食事の相性は生理的な意味合いも強くありまして。この相性が悪い人は（たとえどんなにカッコいい人でも食べ方が気になると）生理的に無理ということになるんです。

恋愛で大事なこれらの三つの相性、こころにとめておいてくださいね。

29

恋愛においてそれより もっと大事な相性

恋愛に理不尽な別れが存在するわけも教えます

恋愛において最も大事な相性は、「精神的な距離感の相性」だったりするんですよね。毎日会えるのが心地好いと思える距離感や、週に一度くらい会うのが心地好いと思える距離感など、人によって様々な「精神的な距離感」がありますが、この距離感が違うと、どちらかが孤独を感じてしまったり、窮屈な思いを感じてしまったりするわけですね。

そうすると不満や不安が生じて、相手の嫌な面ばかりが見えてきたりしてしまうんです。

一緒にいてもこの距離感が違うと、お互いに居心地の悪い空間にな

ってしまうわけですね。逆にこの距離感が一致していると一緒にいる時間が居心地の良いものになり、ひとりでいてもふたりでいても、お互いに安心し合える距離感を共有できるわけです。

「精神的な距離感」の食い違いというのは、どちらが悪いというわけではなく、お互いの相性が悪いだけですからね。でもだからこそ、余計に収拾が困難な問題なんですよ。

これこそが恋愛にはどちらのせいでもない理不尽な別れが存在してしまうわけですね。別れる決断は早めにした方がいいですよ、お互いが「精神的な距離感」の違いで傷付け合うだけの関係にならないうちにね。

30

女性から男性へのDV

暴力をふるわないDVもあるのよ

女性は感受性の生き物ですから、男性よりも感情的になりやすいようにできているんですよね。

腕力では男性に敵《かな》いませんが、精神的な攻撃は女性の方がエグいものを持っています。男性のコンプレックスをクリティカルにえぐってみたりするのが非常にお上手なんですよね。

男性はプライドの生き物ですから、それを口外することに抵抗を感じます。

だからこそ、女性から男性へのDVというものはなかなか表面化しないわけですけども。実際は思っている以上に多いものだと思いますよ。

一方的にヒステリックになるのもＤＶだし、長期間にわたる無視もＤＶだし。
友達や親類縁者に相談と称して悪評をばらまくのも男性からしたら精神的な苦痛になるでしょう。

男性にＤＶをしてしまう女性には、女であることの弱さを盾にして無法になってしまう人が多いですね。

「女は弱いんだから男が守ってくれて当たり前」という図々しい甘えがあるわけです。
だから男の弱さは決して許さないようになってしまい、それが精神的なＤＶになってしまうわけですね。

これは自立心の欠如が圧倒的な原因です。
女は強くなってナンボ、女の強さは女の美しさです。

ひとりで立てないような女が、どうやって惚れた男を支えることができるのでしょう。

31

恋愛はすべてを知ろうとするとすべてを失うもの

オープンな関係を強要したらそれはもう立派な束縛

恋人のすべてを知りたいという気持ちになっている人は、その人とオープンな関係を目指している人なんですね。

オープンな関係というのは一見、束縛のない自由な関係というふうなニュアンスに聞こえがちなので、憧れを抱く気持ちもわかるんですけど、それを〝強要したら〟もはや立派な束縛行為なんですよね。

オープンな関係になりたいがために相手の秘密を認めず、その秘密を受け入れる覚悟もなしにその秘密を暴き、結果すべてを失ったという方がたくさんいらっしゃいます。

ではなぜオープンな関係になりたいのかといったら、相手の知らないところがあることが不安だからなんですよね。そこを信頼できる愛情を持ち合わせていないから、すべてをオープンにさせたくなってしまうんです。

恋人の知らないところを信頼できないのは、自分の知られていないところに不安があるから。結局は自分の不安要素を相手に投影しているだけなんですよ。

知らないところは知らないままに、がベスト。そこは暴くところではなく信頼するところであり、不安なところこそ愛情を注ぐべきところなんです。

好きな人の全部を知らなくてもいいんです。知らないことは知らないままでいいんです。知らないことは信頼しとけばいいんです。

すべてを知ろうとするとすべてを失うことになります。

32

男の将来性を測るものとは

安定した職業＝安泰ではない

以前、こんな相談をいただきました。

『今付き合っている彼氏は、世間一般で言うような安定している職業とは言い難《がた》い職業に就いています。そんなこともあり、反対されてしまいそうで親に紹介できていないのが現状です。でも、ゆくゆくはこの人と……と思っています。しかし、彼氏の年齢や職業を周りの人に言うと、結婚するのを反対されてしまいます。周りの言うように結婚をせずにこのまま別れた方がいいのでしょうか？』

どんな仕事をしているのか？　ということが男の将来性を測るものではなく、どんな志でその仕事をしているのか？　ということが男の将来性を測るものなんです。

安定した職業だからといって安泰ではないんですよ。志のない仕事ほど身の入らないものはないですからね。それは自分自身を消耗するだけの仕事になってしまうんです。

それがストレスとなり精神的に不安定になってしまう人も少なくありません。

その不安定なメンタルが、いろいろなトラブルを引き起こしてしまう引き金にもなったりするんです。

男の職業に惚れるのが女ではありません。

男の仕事に対する志に惚れるのが女ってもんです。

その志を信じて応援してあげるのが女の役目なんですね。それを信じる覚悟が持てないのなら、別れた方がお互いのためだと思いますよ。

男が外でどれだけの仕事をしてくるのかは、それを支える女の実力でもありますからね。

33

「同じ価値観教」の信者の恋愛は短命に終わる

恋人に会うのが億劫《おっくう》になってきている人、要注意！

価値観が同じ人を「相性のいい人」というんじゃないんですよ。価値観の違いを許せる人を「相性のいい人」というんですよ。

私も若いころは自分と同じ価値観を持っている人がいいと思っていたんですけどね（まだ若いですけどね！）。どうやら自分と同じ価値観を求めすぎると、その関係は長く続かないようになってしまうみたいです。

恋愛関係でいえば、恋人に求めているのは自分と同じ価値観なわけですから、付き合いはじめというのは同じ価値観（もしくは似ている価値観）で関係が成り立っているわけです。それがですね、ある程度付き合いを重ねていくと自分とは違う相手の価値観が見えてくるんですね。これはお互いに違う人間である限り当然のことなんです。

でもお互いが「同じ価値観教」の信者の場合は、そこで相手と価値観を合わせようとしてしまうんですよ。同じ価値観で繋がりを保っていたわけですから、価値観が同じじゃないと不安になってしまうんですね。価値観を同じにするために自分を曲げてしまうわけなんですよ。

でも価値観というのは自分自身の人格を形成しているものですから、人格と価値観がマッチしなくなると当然ストレスになってしまうんですね。

その結果、次第に会うのが億劫になってきたり、一緒にいてもイライラが募るばかりになってしまったり、些細《ささい》な価値観の違いが許せなくなり、喧嘩の絶えないお付き合いになったりしてしまうんですね。

価値観は合わせるものではなく、許し合うものなんですよ。その違いをどこまで許せるのかが「愛情の深さ」なんですよ。

34

価値観を合わせた恋愛は必ず終わる

相手に「合わせる」のではなく「違い」を許せ

付き合いも長くなると、お互いの違う価値観が見えてくる。
その違う価値観をどちらかが無理矢理合わせようとしてしまうと、価値観を合わせた分の見返りを相手に求めてしまう。

こんなに尽くしているのに……
こんなに頑張っているのに……
こんなに愛しているのに……

と不満が生じ、もっと愛するよりも、もっと愛されたいと、愛情より欲求が先行した気持ちになってしまう。

こうして愛情より欲求が大きくなったとき、人の心はネガティブに傾き、悲観的になったり攻撃的になったり、気持ちのバランスを失い、消耗するだけの恋愛になってしまう。

つまり、「価値観を合わせること」が愛するということではなく、「価値観の違いを許せること」が愛するということであり、自分の思いを曲げてまで価値観を合わせた時点で、それはもう「愛していません」という宣言をしたみたいなものなんです。

35

大切なのは一緒にいる時間よりも精神的に繋がっている時間

夢と恋人を天秤にかけるな

以前、こんな相談をいただきました。

『大好きな彼氏がいるのですが、私には夢があり、将来的にずっと一緒にいることができません。私と結婚を考えている彼のことを考えると苦しいです。別れるべきでしょうか』

将来的にずっと一緒にいられる関係なんて幻想なんですよね。結婚をしたってずっと一緒にいるわけではないいし、お互いに仕事やプライベートがありますから。

一日24時間の内どれくらいの時間を共に過ごすのかといったら、せいぜい10時間程度。睡眠時間を除けば4時間くらいになるわけです。

その4時間だってお互いのひとりの時間を設けたりしますから、実質的に一日24時間の内ふたりの時間というものは2時間から3時間程度になるわけですね。ホテルでいうところのご休憩程度の時間なんですよ。

それでもずっと繋がりを感じるというのは、やっぱり精神的な影響力が大きいわけですね。お互いの仕事やお互いのやりたいこと、それを理解し、応援する気持ちのおかげで精神的な繋がりを維持しているわけです。

だからずっと一緒にいる必要なんてないんです。精神的に繋がっていることが大事なんです。そのためにはお互いに目指すべきものを持ち、それを支える気持ちを持つことなんです。一緒にいるために夢を諦めたり、夢を追いかけるために恋人を棄てたりすることは、実は本末転倒なことだったりするんですね。

長い時間一緒にいたからといって、精神的な繋がりを得られるわけではありませんけども、精神的な繋がりがあればずっと一緒にいるような繋がりが得られるわけですね。

夢と恋人を天秤にかけることは後悔の元になるのでお気をつけて。

ストレスで喋るのがA型
ストレスで黙るのがO型

ストレスで泣くのがB型
ストレスで笑うのがAB型

――なんとなくね、周りを観察してそう感じたので。まぁこのテの血液型診断は信じるものではなくて楽しむものです。気持ちの余裕の部分で見てくださいね

36

恋愛における信頼関係と結婚における信頼関係

この問題に悩んでいる女子、多いみたいです

このふたつはまったく別物の信頼関係に見えたりしますが、恋愛における信頼関係が築けていれば、結婚における信頼関係もちゃんと築けます。

ひとりでいるのにふたりでいるように安心できる信頼関係は、ふたりでいるのにひとりでいるような沈黙が心地好い信頼関係になりますからね。

恋愛時期に「寂しい病」をこじらせて、ひとりでいられない程度の信頼関係しか築けないと、結婚したら逆に、次第にひとりが恋しくなり、ふたりでいることが耐えられない関係になってしまうんですよ。

こういうケースはＴｗｉｔｔｅｒやブログでたくさんの恋愛相談をいただいている中

でも、ホントにたくさんあるんですよね。

ひとりでいることが耐えられない関係は、いずれふたりでいることも耐えられない関係になるんですよ。

恋愛時期は会いたいときほど会えないもの。
だからこそ、ひとりでいるときでもふたりでいるような「安心し合える信頼関係」が大事ってことね。

結婚生活は会いたくなくても会わなきゃいけないもの。
だからふたりでいるときでも、ひとりでいるような「自由を認め合える信頼関係」が大事ってことね。

37 自分から連絡しない男の心理

彼はあなたを愛したいのか、あなたに愛されたいのか

以前、Ｔｗｉｔｔｅｒで、

『付き合いたての彼氏がいて、自分から連絡しないと連絡をとってくれません。友達のころの方が、頻繁に連絡していたし楽しかったです』

といった悩みをいただいたことがありました。

友達という関係は対等な関係ですからね。どちらが優位とか、そういう上下の意識はあまりないものなんですよね。

ですからどちらともなく気軽に連絡ができる関係なんです。

でもこれがいざ恋愛関係になると、愛し愛されの関係になるわけですから、愛したい

のか、愛されたいのか、という意識の違いが連絡の頻度に表れるわけですね。

恋愛において男性は女性より優位な立場になりたがるものですから、愛されることを望むケースがマジョリティ（多数派）なんです。

自分から連絡をするということは〝愛したい〟という意識の表れでして。

自分から連絡しないということは、〝愛するより愛されたい〟という意識の表れなんです。

ですのでね、自分から連絡しない男性というのは、愛されることで優位な立場になりたいという〝男のプライドから生じた欲求〟が原因で素直になれていない状態なわけです。

愛されたいという欲求が強すぎるから、素直に愛することを躊躇《ちゅうちょ》してしまうわけですね。その心理が連絡する頻度に直結しているわけです。

女性からしたら若干めんどくさい欲求ですけどね。でもその欲求は彼をコントロールする手綱にもなり得るものなんですよ。

上手に愛してあげてくださいね。

38

好きなだけの恋愛は消耗品

恋がいつも短命に終わる人、必読！

恋には賞味期限があってですね。恋愛初期の高揚した感情というのは長くもって3年程度と言われています。

この3年の間に何を築き上げていくのかが、後にくる**〝恋の賞味期限切れ〟になったときに大きな影響を与えるわけです。**

好きだという感情に任せてただ、ラブラブチュッチュアハンアハンしているだけの関係だと、恋の賞味期限切れになったときに何も残らないわけですね。ここでふたりを繋ぎ止めてくれるのが「敬意と感謝」なんですよ。

この敬意と感謝は話し合いから生じるものでして。そして一番いい話し合いができるのはお互いに幸せを感じているときなんですよ。人間幸せを感じているときが最も素直になれるときで、素直になれているときほどいい話し合いができるんです。

なので、この3年というのは最も話し合いに適している期間でもあるわけですね。ラブラブチュッチュアハンアハンするのもいいんですが、幸せなときほど話し合いを怠らないことです。**話し合いから生じた敬意と感謝が、やがてくる倦怠期のふたりを繋ぎ止め、もっともっと深く愛し合うことができるっちゅーわけです。**

恋愛感情を差し引いても敬意と感謝が残る関係がベスト。好きなだけだといたずらに恋愛感情を消耗するだけなんですよ。

長く付き合ってると、どうしても好きだという感情が薄くなる時期はありますよ。そういうときにふたりを繋ぎ止めておくのも敬意と感謝なんですね。

その敬意と感謝があれば、また何度でも好きになれるはずなんです。だからどれだけ相手のことが好きでも、敬意も感謝もない恋愛関係は短命なんですよ。

39

恋人の過去への嫉妬について

気にしすぎると自分が「過去の女」に……

女性はわりと別れた恋人のことを平気で罵《ののし》ったりする人が多いんですけども。

男性はわりと別れた恋人のことは悪く言わない人が多いんですよね。

そういう傾向もあって、女性は男性の過去に嫉妬を抱きやすかったりするものなんです。でも決して変わることのない過去に嫉妬しても逆立ちしたって勝てるわけがないんですよ。

私のところにも恋人の過去に関する相談が毎日のようにくるのですけども、決まって「過去は過去とわかっていても嫉妬してしまうんです」と出口を塞ぐような相談なんですね。

そういう相談を受ける度に、そんなに過去の彼女が羨ましいなら**「じゃあ（とっとと別れて）自分がその男の過去になればいいのに」**と思ってしまうわけですが、そんなこと言わずともそういう人は別れてしまうケースが多いんですよね。

過去に目を奪われて今を見失い、今を見失って未来に見離され、その人の未来にも今にもなれず、結局は本人のご希望通りの「過去の女」になってしまうわけです。

希望通りの過去になれたわけですからもっと喜んでもいいはずなのに、どういうわけか彼女たちは希望通りの結末に絶望を感じてしまうようです。お気をつけて。

40

甘えられない女の憂鬱

本当の甘え上手は自分のためには甘えません

「恋人にうまく甘えられない」という相談はTwitterでもブログでも頻繁にいただくんですよね。結構ポピュラーなお悩みなのかなぁと思いました。

うまく甘えることができない人というのはですね、〝甘えることに引け目を感じてしまう人〟に多いんです。

引け目を感じてしまう理由は「自分を助けてほしい」もしくは「もっと構ってほしい」という欲求によって甘えようとするからなんですね。

このような「ネガティブ発祥の甘え」だと自分でわかっているから、その甘えに罪悪感を覚えてしまうという感じだと思います。

一方甘え上手な人は自分のために甘えることはしないんですよね。

相手に自信を持ってもらうために頼ってあげる。そういう甘え方をしているんですよ。

たとえばその人の得意分野であることはあえてその人に頼ります。

人間って自分の苦手なことを頼られると嫌な気持ちになりますが、得意なことを頼られるとぜったいに悪い気はしないんですよね。

まぁ素直じゃない人は「なんだよそれくらい自分でやれよ！　まったくしょうがねぇなやれやれだぜ！」みたいなことを言ったりしますが。それはそれでちゃっかり喜んでいるので気にしなくていいです。

ちゃんと感謝してあげれば問題ありません、いい気分です。

自分の恋人でもね、なんでも自分でやってしまうと相手に恋人としての自信がなくなってきたりするので、たまには甘えてあげることも結構重要なことなんですよ。

欲求ではなく、気持ちの余裕の部分で甘えてあげること、それが本当の甘え上手です。

41

甘えられない人ほど甘えている

「わかってほしい」、その気持ちこそが最大の甘えだ！

相手にうまく甘えられない人というのは、意地っ張りな人でもあるんです。

この意地っ張りな人というのは、いつも「言わなくてもわかってほしい」という欲求を抱えているものでして。**その「言わなくてもわかってほしい」という欲求こそが最大の甘えだったりするんですよね。**

自分の思いを言葉にすることは勇気が必要なことでもありまして。

その勇気の欠如が「言わなくてもわかってほしい」という無茶な甘えに繋がってしまうわけですね。

これは不機嫌になったら恋人を無視する人とか、あからさまな音信

不通をする人とか、足音やドアを強く閉める音で感情を表現する人にありがちなことなんですけどね。

そんなことされても相手には実は「なんだか今日は機嫌悪いなぁ」くらいにしか伝わらないものなんですよ。

もちろん言葉だけですべてが伝わるものではないんですけどね。言葉なしでは何も伝わらないものなんですよ。

そのことを甘えられない人ほど認識すべきなんです。

42

同じ環境内での恋愛は難易度が高い

〔つまり恋愛初心者には不向き？〕

もともとね、同じ環境内での恋愛は難易度が高いものなんです。

同じ学校、同じサークル、同じバイト、同じ会社……。

いろんなケースがあるんですが、「別れたのに毎日顔を合わせなきゃならない」ということも恋愛難易度の高さの大きな理由のひとつに含まれます。

でもそれよりももっと難易度が高いのは、同じ環境内で恋愛を維持することなんですよ。

同じ環境内にいるということは、毎日長い時間顔を合わせていなければならないということなんですけど、恋愛において重要なのは、どちらかといえば一緒にいない時間な

んですよね。

一緒にいない時間に相手のことをどう思えるのかが恋愛の肝《きも》であり、そこから信頼が生じてくるものだと思うんですよ。その信頼を受けて、お互いがその信頼に値する人に育っていく部分が恋愛には大きくあると思うんです。

その信頼を育《はぐく》む空白の時間作りが、同じ環境内だと難しくなってしまうわけですね。

四六時中一緒にいるとどうしても〝見えてしまう〟じゃないですか。その見えてしまっているもの以上の信頼は、なかなかできづらいものになってしまうんですよ。

すると必然的に、お互いがお互いの信頼で成長し難い関係になってしまうんですね。成長し難い関係というのは衰退していく関係とイコールですから、結果破綻してしまうケースが多いんです。そしてその恋愛難易度は、そのまま別れた後の「他人に戻るという行程の難しさ」に引き継がれてしまうんですね。

もちろん同じ環境内で幸せになった人たちはたくさんいます。その人たちが大切にしていたのは何かといえば、各々一人ひとりの時間なんですよね。

一戦交えた後に

残るものが女の実力。

——まぁ男性は身体の繋がりを重視している生き物なんですが、一度身体の繋がりを経て後に残ったものでいろいろと判断しているわけです

43

男のモテ期 女のモテ期

［モテ期は基本的に乗り越えるべきもの］

男のモテ期は彼女とうまくいっているときに訪れるのだそうで。

女のモテ期は彼氏とうまくいっていないときに訪れるのだそうで。


まぁこれがすべてではないんですが、そういう傾向が強いということですね。

女性は基本的に受動的な生き物ですから、幸せにしてくれる力を持った男性を好む傾向があります。

ですからちゃんと奥さんや彼女を愛せている男性に魅力を感じてしまうわけです。

〝好きになる男がことごとく彼女持ち〟という「あるある現象」もこれに当てはまりますね。

一方男性は基本的に守ってあげたい生き物です。ですから、彼氏とうまくいっていなくて少しメンタルが弱っている女性を守ってあげたくなってしまうんですね。

〝彼氏とうまくいっていないときに親身に相談に乗ってくれるのがことごとく男性〟という「あるある現象」の理由もこれに当てはまるわけです。

これはですね、男女共見事に〝モテ期＝浮気するタイミング〟と一致するんですよ。

男は怠慢から浮気して、女は不満から浮気する――と言いまして。

モテ期が破綻を招くケースが非常に多いわけです。ですから恋人がいる人にとってモテ期というのは、当たり前ですが本来はあまり歓迎すべきものではないんですね。

モテ期はいわゆる誘惑が多い時期ですから、恋人がいる人には乗り越えるべきものだったりするんですよ。

こういう誘惑を乗り越えることでようやく、相手と分かち難い深い繋がりを築くことができるんです。

モテ期真っ只中の方、どうかお気をつけて。

44

道行く女性をチラチラと見る男

「男なら仕方がない」と彼は言うけど……

これは恋人とうまくいっているときによく見られる現象でして。

道行く女性をチラチラと見るのは男性からしたら幸せの証《あかし》なんですよ。要するに今の関係に満足している証拠なんです。

この行動は浮気心というより、今の恋愛がうまくいっているという安心感があるからこそできる、ただの「観賞」です。当たり前ですが、その女性をどうにかしようとは思っていない場合が多いです。女性が買う気もないのにウインドウショッピングをするアレと似たようなもんですね。

逆に本当に浮気心がある人はそれを悟らせないために必死になりますので、注意深く

〝こちらを観察するように〟なります。

なので**「他の女には目もくれないフリ」をしたり、気持ち悪いくらいに優しくなったりするわけです。**

まぁ「男だからしょうがない」というのも真実のひとつなんですけどね。

男が道行く女性をチラチラと見たら、一緒になってその女性を観察して褒め、その女性が着ているような服でも買ってもらうのが、誰も傷付かずに自分が得する賢いやり方なのかもしれませんね。

45

男の飲み会、どこまで許す？

なんでも「仕事の一環」で済ます男

以前、こんな悩みをいただきました。

『彼氏の職場の方たちは、正直言って遊び人が多いです。合コンにも何度か一緒に行っているようです。そういうのを（飲み会の二次会、三次会まで含めて）、彼は全部仕事の付き合いだといいます。縦社会がすごい仕事なので、先輩の誘いは絶対だと。少しは付き合わなければいけないのもわかるんですけど、付き合いだったらなんでもするのか？と思ってしまうほどです。あおいさんは、仕事の付き合いってどう思いますか？』

たとえば男性は「仕事の付き合い」と称してよくキャバクラなんかに行くのですけども、元々は「商談の場」としてキレイなお姉ちゃんがいるクラブ（踊る方ではない）を利用していたことがはじまりなんです。男同士だと角が立つ話も間にキレイなお姉ちゃんが入ることでうまくまとまるという、そんな理由で使われていたわけです。あくまでも会社の利益のためですので、「仕事の一環」と言われたら女は納得するしかないわけですね。

でもそれが会社の利益とはまったく関係なく、会社の身内だけで合コンに行くってどうなんでしょうね。それが「仕事の一環」なら仕事になんのメリットがあるんでしょう。合コンなんて遊んでいるだけじゃないですか。

「仕事のためだ」と言えば免罪符になると思っているのでしょうけど、仕事のできる人とできない人の差って「NOと言えるかどうか」だと思うんですよ。先輩だからといってNOの一言も言えない人は、決してその先輩を超える出世はできない人なんですよね。

会社にとって本当に必要な人材というのは先輩にへーこらする人ではなく、自分の意見を主張できるNOと言える人なんですよ。飲みを強要する先輩も大したことない人材ですし、**それにへーこら付いていく男も大した男じゃございません。**

46

男が気変わりしてしまう女とは

早くに身体の関係を持っても大丈夫！

以前、こんな相談をいただきました。

『私は22歳で、今付き合って1ヶ月目の10歳上の彼氏がいます。付き合ってから2回目のデートでHをしてしまいました。私はもちろん本気だったので、Hをしたことで「もう軽い女に見られてしまった」「もう遊びの付き合いになっちゃうのかな」「もう彼が私をこれ以上好きになることはない」と考えてしまってショックです。今はひどく後悔しています。あおいさんなら、早くにHした人と結婚できますか？』

女性はですね、早く身体の関係を持ってしまうと、この方のように「軽く見られてしまうんじゃないか」と思ってしまう傾向があるんですけどね。

男性はですね、あなたへの気持ちが本物なら、早くに身体の関係を持ってしまったからといって、あなたが軽い女だとは思わない傾向があるんですよ。**男性が気変わりしてしまうのは、女性の〝軽さ〟よりむしろ女性の〝重さ〟の方なんです。**

女性の重さのせいで、なかなか身体の関係まで発展しなかったり、女性の重さ故に身体の関係を求められたり、早くに身体の関係を持ってしまったことで重い女になってしまったり……。そういう女性特有の重さが男性の気変わりを誘発させてしまうものなんですよ。

早くに身体の関係を持ってしまったことで遊びの女に降格することはありません。もしそれで遊びの女にされたのなら、それは最初から遊びの女として近付いてきただけのことなんですよ。

早くに身体の関係を持ってしまうと、ただその結果が早く出るだけのことなんですね。

弱さに流されるとついつい重くなってしまうのが女というものでして。覚悟と責任のある強い意志のある気持ちでHをするのなら、それはわりと軽やかなものなんですよ。

47

フった寂しさとフラれた寂しさ

それは「愛情」から「愛」が残るか「情」が残るかの違い

フった寂しさと、フラれた寂しさの違い。

それは、フラれた方は「情けない」という思いから、「愛情」から「情」がなくなり「愛」だけが残る。

フった方は、これ以上「愛せない」という思いから、「愛情」から「愛」が奪われ、「情」だけが残る。

こういうことではないでしょうか。

まぁでも、フった方もフラれた方も、いくばくかの寂しさはどうしても残るものなんですけどね。フラれた寂しさは「愛」であり、フった寂しさは「情」である——ということなんですね。

喪失感に苛まれるのはフラれた方だけれど、罪悪感に苛まれるのはフった方だったりもします。

別れるということは、どちらも無傷ではいられないということでもありますね。

でもここで難しいのは、別れの際にお互いが傷付かないようなお付き合いはしてはいけないということです。

フった方もフラれた方も、別れが辛いと感じるのは、その恋愛が間違いではなかったということなんですからね。

別れ＝辛くて正解なので、どうか安心して辛い思いをしてください。

48

男を立てる女、立てない女

甘え上手が立て上手

まず男性を立てられない女性にありがちなことなんですけど、彼の一挙手一投足にイチイチ文句を言いたがるんですよね。

そういう人は、もうホントに「そこまで言うか⁉」と思ってしまうほど細部にわたるところまでダメ出しのオンパレードなんですよ。

「そんなに文句があるなら別れてしまえばいいのに」とハタから見たら思ってしまうんですけどね。

けれど、その彼女にしてみれば**「自分がいなければダメな人」を造り上げることによって自尊心を満たしているわけでして。**だからこそ彼に自分がいなければ生きていけない人でいてほしくて必死にダメ出ししているわけです。

一方男性を立てるのが上手な女性というのは、甘えるのも上手なんですよね。

しかもただ自分本位で甘えるのではなく、男性が「頼ってほしいと思っているところ」「主導権を握りたいと思っているところ」、そういうところに対して惜しみなく甘えてあげているんですよ。

甘えてあげることによって男性の「男としての自信」を養ってあげているわけですね。

要するに、「あなたがいるから私は生きていけるのですよ」と思わせてあげることが〝男を立てる〟ということなんです。

気持ちいいと感じるところを刺激してあげれば男はもうビンビンってことさ。

49

喧嘩をした方が仲が深まるというのは大嘘

誰ですかそんな危ない嘘を言い出したのは！

〝喧嘩をした方がお互いの仲が深まる〟というのは実は全然違いまして。

これは相手に我慢を強いている人がよく言う台詞《せりふ》なんですよ。実際は喧嘩をよくする関係ほど破綻しやすいものなんです。考えてみれば当たり前ですよね。

恋愛においての喧嘩というものは「自分は変わらない、お前が変われ」という、変わることの押し付け合いでして、それは普段の話し合いの欠如から生じるものなんです。

「喧嘩」と「話し合い」の決定的な違いというのは、お互いの〝聞く耳〟があるかないかなんですが、喧嘩になればなるほど、相手への嫌悪感や感情の高ぶりによって、このお互いの聞く耳は失われてしまいます。だからこそ、辛辣《しんらつ》な意見のぶつけ合いにしかならないわけですね。

人間が最も素直になれるときというのは幸せなときであり、素直な聞く耳を持っているときというのも、幸せなときなんですね。

ですので幸せなときほど、お互いのことについて話し合うことが大事なんですよ。

喧嘩になればぶつけるしかない意見でも、幸せな状態の中でなら〝捧げる気持ち〟になるものなんです。

幸せな状態での話し合いでこそお互いが変わり合い、お互いがお互いに歩み寄ることができるわけです。

大事なことはいつも幸せの中。

恋愛において喧嘩がない関係というのはつまり、「ちゃんと話し合いができている、喧嘩をする必要のない関係」ということなんですよね。

価値観のズレが許せないのは、
距離が近すぎるから。

価値観のズレに
関心がないのは、

距離が遠すぎるから。

――価値観のズレを許せるのが、近すぎず遠すぎず丁度いい距離

50 喧嘩をすると無視する男の説明書

〔いるよね！　いるいる！　こういう男！〕

男は女の口撃に耐えられずに無視をする。

女は男の無視に耐えられずに口撃をする。


と言いまして、喧嘩になると無視をキメ込むのは男性に多い傾向ですよね。

電話に出ない、メールも無視、LINEは既読しっぱなし……等々、へそを曲げた男性に多い傾向です。長い人だと1ヶ月くらい無視をキメ込む人もいるみたいですよ。

まぁ無視合戦をすると先に音を上げるのはだいたい女性ですよね。

彼の無視に耐えられなくなると、一緒に暮らしている場合であれば、ドアを思い切り閉める音で感情表現をしたり、ドスドス歩く足音で感情表現したり。

それでも無視され続けるとキレ出し、そしてまた男の無視は延長される。

そんな悪循環にハマり、喧嘩をするといつも長期戦になってしまう――いろいろな恋愛相談を受けているとこういうお悩みも少なくないですね。

実はこれもですね、お互いに〝聞く耳〟を持ち合わせていないのが主な原因なんですね。この場合は、女は言いたいだけで聞く耳を持たず、男は言いたくないから聞く耳も持たない。そんな感じです。

長くお付き合いをするためには素直な話し合いが必要不可欠なものです。〝素直な気持ちは耳に宿る〟と言いまして、素直な話し合いに最も大切なものは〝素直な耳〟なんですね。

〝素直な耳〟が素直な言葉を生み、素直な話し合いができるってスンポーです。

愛し合うということは、つまりは「愛するということを話し合い続けるということ」なんですよね。

51 あなたが「めんどくさい女」になるとき

彼にワガママを言えない人、要注意！

女性なら誰しも「めんどくさい女」に見られるのは不本意だと思うんですけどね。

恋愛する度に「めんどくさい女」になってしまう人には共通点があるんですよ。

それは嫌われることを極度に恐れているということなんです。

嫌われることを恐れていると彼に対して言いたいことも言えず「自分さえ我慢すればいいや……」という判断をしがちになってしまうんですよね。

この「我慢」というのはその場しのぎの最も安易な発想でして、良いお付き合いをする上で非常に大切な話し合いの欠如に繋がるダメ発想なんです。

話し合いの欠如は意思の疎通が希薄になりますし、意思の疎通が希薄になると相手に本当に好かれているのか不安になります。**この不安こそが、過去の過ちを蒸し返したり、彼の行動をすべて把握したがったりする「めんどくさい女の元」になるわけですね。**

好きだという気持ちより、嫌われたくないという気持ちが大きくなったときに、人の心はネガティブに傾きます。

そしてネガティブな気持ちに陥った自分をどんどん嫌いになっていくわけですね。**だから「めんどくさい女」になる人はだいたい自分が嫌いな傾向にあるんですよ。**

その人を好きな自分を嫌いになったら、めんどくさい女のはじまりなんですよね。

ワガママな女より、嫌われることを怖がってワガママを言えない女が、あとあとめんどくさい女になるんですよ。

52

重い女の説明書

それは「本当の恋愛」ができない女

恋愛をする度にネガティブになる。そんな〝ネガ恋〟になりがちな人にはある共通点があるんです。

それはですね、自分を愛せないことなんですよ。

自分を愛することによって埋めるべき心の隙間を、他人に埋めてもらい満たされようとしてしまうところにネガティブな要素があるんです。

これが気持ちの重さとなり、「重い女」の出来上がりになるわけですね。

目的は愛することではなく愛されることにあり、愛されることによって愛せない自分を満たしたい……そんな他力本願とも思える欲求が重い気持ちの正体なんです。

重い気持ちは相手への負担になることが多く、本当の恋愛の妨げになります。
ですから恋愛というものは、まず自分を愛することができなければならないものなんですよ。

自分を愛するには自分を育てること。
自分で育てたものというのはおのずと愛情が湧くものですからね。

53

女は恋愛感情がなくなるととんでもなく冷たく豹変する

なぜ恋愛感情をすぐに切り捨てられるのか

男性から「友達に戻りましょう」と別れを告げられたら、それは友達以上の関係に戻りましょうということ。女性から「友達に戻りましょう」と別れを告げられたら、それは友達以下の関係に戻りましょうということ。

男にとって別れた女とはいつまでも友達以上の存在であり、女にとって別れた男とはいつまでも友達以下の存在である——これは、男にとって別れた女とは忘れたくない存在であり、女にとって別れた男とは忘れたい存在である、とも言えるんですけどね。

この感情の男女の違いは、感受性の違いから生じるものなんですよ。

女性は感受性の生き物ですから、幸せなときは男性よりも幸せを感じているものなんですけど、別れたときは男性よりも辛い思いを感じているわけです。

その辛い思いが強すぎるとですね、脳にこれ以上の辛い思いは危険だというシグナルを送るわけです。そうすると自己防衛のために感情を切り捨ててしまうんですね。

つまり別れた男を友達以下の存在にするのは、それが女性にとって〝安全な距離感〟だということなんですね。

だから女は恋愛感情がなくなると信じられないくらいに冷たく豹変したりするんです。

ちなみにですね、未練を引きずるタイプの女性は現実を受け入れていないから、自己防衛が働くほどの痛みを感じていないわけです。

だからいつまでも未練を引きずることができてしまうんですね。

要するに、ちゃんと現実の痛みを受け入れることができたなら、女は感情を切り捨てることができるというわけです。

54

倦怠期の説明書

男性の方が倦怠期に強いって知ってました？

男は女にいつまでも変わってほしくないと願う生き物
女は男にいつまでも変わり続けてほしいと願う生き物
だから男は倦怠期の中で安心を感じ
だから女は倦怠期の中で不安を感じる

――と言うんですけどね。

つまり女性より男性の方が倦怠期に強いんですよ。

男性からしたら倦怠期というよりも安定期としてそれを認識し、その安定に安心感を感じるケースが多いようです。

一方女性は男性の感じる安心感からえもいわれぬ不安を感じ取ってしまうんですね。

その不安とは、〝女性として見られていないんじゃないかという不信感〟なんです。

女性として見られていないことに不満を感じ、どうせ女性として見られていないんだからと、行動や言動から女性らしさがなくなってしまう人も多くいます。

また、そういう状態になってしまうと、女性としてちゃんと扱ってくれる男性と浮気をしてしまう人も少なくありませんね。

女はいい男よりも、自分がいい女だと思わせてくれる男に惚れやすい生き物ですから、男性は女性をいつまでも女として扱い、女性はいつまでも女として扱ってもらえるような女性であり続けることが、倦怠期を乗り越える最善策かもしれませんね。

55

倦怠期によくある勘違い

飽きたのは彼じゃなくて「自分」にでしょ

先述したように、倦怠期になってしまう（女性側の）大きな要因のひとつは、「変化がない」ということなんですよね。

そして変化のなさを感じるとだいたいは〝本当に相手のことが好きなのかわからなくなった〟という考えに至ってしまうんですよ。

これはですね、変化がないのを相手のせいにしようとする悪い思考でして。この思考が進んでしまうと、相手に飽きてきたという勘違いを引き起こしてしまうんですね。

そこで別れることを決断したとしましょう。

別れればきっと変化のない毎日から解放されると思うじゃないです

か？　でもいざ別れてみても何か釈然としないんですよね。

もっと解放感があると思ったのにただただ虚《むな》しいだけだったりするんですよ。変わったのはひとりになったということだけで、また同じような毎日の繰り返しになってしまったりするもんなんです。

つまり倦怠期になった原因はですね、相手に変化がなくなったからではなく、自分自身に変化がなくなったからなんですよ。相手に飽きたのではなく、自分に飽きてしまったということなんです。

それに気が付かないと、いつまでも相手に変わることを求めちゃうんですよね。ちなみにこれは、愛されていることに慢心して、女であることの努力を怠ってしまうと陥りやすい現象らしいですよ。

だから倦怠期になったと感じたら、相手のせいにしないでまずは自分自身の変化のなさを疑った方がいいですよ。

56

どこからが浮気？

今こそその定義をしましょう

これはですね、私の尺度で言わせてもらえるのなら、**誰かが傷付いたらそれはもう浮気なんです。**人によって線引きが曖昧なものなんですけどね。

・浮気された自分でも
・浮気相手の女性でも
・浮気相手の女性の彼氏でも
・浮気した自分の良心でも

自分の身勝手な欲求で誰かの気持ちを傷付けること、それを浮気と言うんじゃないでしょうか。手を繋ぐだけで傷付く人もいます、食事に行っただけで傷付く人もいます、中にはちょっと喋っただけで傷付く人もいます。

でもそれはふたりの信頼関係で左右されるものですから、嫉妬深い女性だけの責任ではなく、その程度の信頼関係しか築けないお互いの責任なんですけどね。

惚れた女ひとり安心させてやれねぇで何が男かっちゅーことでもあります。

絶対キレイになって
絶対もう一度
振り向かせてやるって、
頑張って頑張って

キレイになって、
やっと振り向いてくれる
ころはもうどうでも
よくなってるころ。

——ですよね

57

だから浮気は治らない

「ドキドキ中毒者」特有の症状が原因

以前、「浮気から始まった恋は長続きするのか？」といった相談をいただきました。もちろん恋愛背景によりけりなんですけどね。うまくいかないケースが多いようです。

恋愛初期というのは脳内からアッパー系の脳内ホルモンが分泌されます。恋愛初期特有のドキドキ感が、このホルモンによってもたらされるわけですね。

個人差はあるのですが、このホルモンには賞味期限がありまして、ドキドキ感を得られるのは長くて3年程度なんです。

浮気をする人は、このドキドキ感が薄れてきたときに過ちを犯してしまうケースが多いわけでして、要するに（ドキドキ感を得られる）脳内ホルモンの中毒者に多いんですよ。

このドキドキ感を得られている間はまさしく「夢の中」にいるような感じなんですけども、いつかはその効果も薄れ「現実世界」に放り出されてしまうわけですね。

浮気癖のある人というのは実はその現実に問題がありまして、現実の恋愛がつまらないから夢の中へ逃げるようにして浮気を繰り返してしまうわけです。

浮気をすることで得られるドキドキ感によって、充実できていない恋愛（現実）を誤魔化しているわけですね。そしてドキドキ感が薄れてくるとつまらない現実に戻されるため、禁断症状のように新しいドキドキ感を求めてしまうわけです。

だから浮気ではじまった恋愛は、さらなる浮気で終わることが非常に多いんですよ。つまらない現実をなんとかしない限り浮気は繰り返されてしまうわけです。浮気癖を治したいなら、難しいかもしれませんが現実を変えるしかありません。

現実の恋愛が充実していれば、〝夢の中〟なんかよりも楽しいものですからね。

58

嫉妬深さと浮気願望の大きさは比例する

―好きだから嫉妬するわけじゃないのよ―

嫉妬深い人ほど恋人の浮気を心配しすぎるってくらい心配するんですよね。

恋人が異性と少し喋ったくらいで不安になったり、さらに重症だと恋人が会社の飲み会に行くってだけで不安になったりしてしまうみたいです。

でもこれって全部自分の潜在願望を反映してるんですよ。

たとえば、恋人が違う異性と喋ってるだけで不安になるのは、「自分が違う異性と喋ったら恋に落ちてしまうかもしれない」という思い（や願望）から不安が来ているわけです。

恋人が会社の飲み会に行くだけで不安になるのは、「自分が会社の飲み会に行ったらもしかしたらその場の雰囲気で違う誰かと過ちを犯してしまうかもしれない」という自分の弱さから来ているわけですね。それを恋人に投影して不安になっているだけなんですよ。

ちゃんと愛せている人はですね、恋人が浮気をしないことを信じることすらしていないんですよ。**ただ疑わないだけなんですね。それは自分の強さを恋人に投影して見ているからこそできるものなんです。**

つまり嫉妬深い人ほど浮気願望が大きい人なんですよ。好きだから嫉妬するわけじゃないんです。愛せていないから嫉妬するんです。

59

嫉妬の出どころは自己愛

自己欲求と愛情を勘違いする恥ずかしさ……

〝嫉妬するのはあなたのことが好きだから〟というのは、よく耳にする言葉ですよね。でもこれはですね、自分の欲求を愛情だと勘違いしている人が言う言葉なんですね。嫉妬する気持ちの重さに耐えられず、楽になりたいがための言い訳なんです。

嫉妬の出どころというのは自己愛ですからね。他者に捧げる愛情とは別物です。嫉妬を愛情だと肯定してしまうと欲求にブレーキが掛からなくなりますからね。独占欲が暴走して過剰な束縛、酷《ひど》いケースだとDVに走ってしまうんです。

「あなたのことが好きだから」という理由でその人を傷付けてしまうんですよ。

すべてを相手のせいにして自分の責任は丸投げにしてしまうという恐ろしい心理なん

ですよこれは。

とはいえ恋愛は不完全なものですから、少なからず自己愛は混じってしまうものなんですけどね。


「好きになってほしい」という〝欲求〟より、「好きですよ」という〝愛情〟を育み合うのが恋愛ってものなんじゃないですかね。


自己愛より愛情が大きくなったとき、気持ちは軽くなり、余裕が生まれ、そこに幸せが生じるもんです。

「その人が好きだ」という愛情より、「その人に好きになってほしい」という欲求の方が大きくなったとき、人の気持ちはネガティブに傾き重くのし掛かります。

嫉妬は夜の燃料にでもしてください。

60

男の嫉妬は女より根深く怖い

［嫉妬深い男＝高圧的・攻撃的・人を嘲笑《あざわら》いがち］

女性の場合ですと、嫉妬心を抱いたときにはなんとなく自覚していたりするんですよね。

嫉妬している自分に嫌気がさして、そんな自分のことが嫌いになってしまうのが女性の嫉妬の特徴なんです。自覚している分だけ、嫉妬心にブレーキが掛かるんですね。

でも男性は自分の嫉妬心を自覚できないケースが多いんです。

男性には男性特有のプライドというものがありますから、嫉妬している自分を認めたくないんですね。

嫉妬心を隠すように嫉妬の対象に高圧的になったり嘲笑ったり――

これが男性の嫉妬の特徴です。

また女性の場合ですと、嫉妬は嫉妬の対象のみに向けられるものなんですけど、男性の場合は（嫉妬の対象が自分のプライドを傷付けるような相手だと特に）その矛先が自分のプライドを損なわないような相手に向けられるんですね。

ある意味、無差別攻撃になるのが男性の嫉妬なんです。

つまり、嫉妬心をどう処理しようかということより、嫉妬心を隠すためのプライドを必死に守るのが男という生き物なんですね。

そのプライドが邪魔するからこそ自分に芽生えた嫉妬心が自覚できないわけです。自覚できないということは歯止めがきかないということですので、男の嫉妬は女より根深く怖いということになるんですね。それらを踏まえて、人に高圧的になったり、人に攻撃的になったり、人を嘲笑ったりするような男性には嫉妬深い人が多いんですよ。

お気をつけて。

61

忘れていたことが忘れられない後悔になる

幸せの中でこそ忘れてはいけないものとは

もっとちゃんと見てあげればよかった。もっとちゃんと話を聞いてあげればよかった。もっとちゃんと言いたいことを言っておけばよかった。

大事な人ほど大事にしなかったり、忘れてはいけないことほど忘れてしまったり。

愛すべき存在ほどいつしか気が付けば当たり前の存在。別れが決まってから後悔することは、幸せな時間に忘れていたこと。

ただ幸せに寄りかかるだけで、何も築くことをしなかった末路が「別れる」という結果を招く。

幸せの中で忘れていたことが、不幸の中で忘れられない後悔になる。

幸せの中でこそ忘れないこと、それこそが「幸せを築く」ということ。

幸せだからこそ話し合い、幸せだからこそお互いを尊重し合い、幸せだからこそ大切に大切に愛し合うこと。

大事なことはいつも幸せの中にある。失ってはじめて気付く大切なもの。それは幸せの中でやるべきだったこと。

こんな簡単なことに気付くのに、何度同じことを繰り返すのだろう。何度相手を傷付ければ忘れないことができるのだろう。

62

男が女を抱かなくなるとき

「もっと知りたい」と思わせ続けなさい！

付き合いが長くなればなるほど、多かれ少なかれ付き合いたてのころより頻度は減るものなんですけどね。

その原因を聞いたとき、最も多い答えは「原因がわからない」というものです。

これは身に覚えがないということでして、つまり変化していないということなんですね。

好きだという感情は「その人の知らないところに興味を惹かれる」というのが重要な部分を占めていて、**「もっと知りたい」という思いが、好きだという感情に直結しているものなんです。**

そのもっと知りたいという衝動のひとつが身体の関係なんですね。だからまだお互いのことをよく知らない付き合いたてのころに、身体の関係の頻度は多くなるわけです。

これがある程度付き合いが長くなると、お互いにお互いのことがいろいろわかるようになるんですね。

悪いことではないんですが、すべてをわかったつもりになってしまうと細かい変化に気が付かなくなり、「もっと相手のことを知りたい」という衝動も影を潜め、身体の関係の頻度も少なくなってしまうんですよ。

恋愛においてとても大切なことだから何度でも繰り返します。だからこそ、お互いに日々変化し続けることが大事なんです。

変わり続けることが変わらぬ愛情を保つ秘訣というわけですね。たまには狼に変身して襲ってあげた方がいいかもしれませんよ。

63

男と女が過ちを犯すとき

知っておいて損はなし

男性は理性で好きになって、感情で嫌いになるそうです。

だから嫌いな理由はうまく説明できないけど、好きな理由を言わせたら語りまくるのだそうです。

女性は感情で好きになって理性で嫌いになるそうです。

だから好きな理由はうまく説明できないけど、嫌いな理由を言わせたら喋りまくるのだそうです。


コントロールできるのは「理性」、コントロールし難いのは「感情」なんですけども。

男性は理性で好きになる傾向が強いので、あまりどうにもならないような恋はしないんですよね。

一方、女性は理性で嫌う傾向があるので、嫌いな相手でも器用に立ち回ることが得意だったりします。

問題なのは感情の方なんですけど、男と女の関係において、過ちを犯すのはだいたい感情が原因なんですよね。

男性は感情で相手を嫌う傾向があるので、過ちを犯すのは誰かを嫌ったときに多いです。

女性は感情で好きになる傾向があるので、過ちを犯すのは誰かを好きになったときに多いんですよ。

感情的に人を嫌うのは男で、感情的に人を好きになるのは女という傾向が強いということです。耳が痛いですね。

別れた男って
不思議なもので、
どうでも

よくなったころに
連絡をしてきたり
するんですよ。

——成仏できない霊と同じカテゴリですよね

64

「友達に戻りましょう」という別れ方が最もヘタクソな別れ方

では本当に上手な別れ方とは？

別れ方がヘタクソだと、未練を長く引きずってしまうものでして、その最たるものが「友達に戻りましょう」という別れ方なんですよ。

別れてすぐに友達に戻れるわけじゃないんですよ。一度他人に戻らないと、友達にも戻れないんです。

「友達に戻りましょう」という別れ方は、少なからず相手と繋がりを求める気持ちが残ってしまっているわけでして。

その繋がりへの未練が「やり直しへの期待」になってしまうんですね。

もしかしたらもう一度やり直せるかもしれない、なんて少しでも甘い期待を抱いてしまうから、いつまで経っても忘れられないんです。甘っちょろい期待がいつまでも自分を苦しめるんです。

相手を忘れられないのはほのかな期待が残っているから。その期待を手放すことが失恋から解放される一番の近道なんです。

失恋者というのはある種の禁断症状を起こしているようなもので、そこに少しでも期待があれば追い掛けてしまうものなんですよ。

別れ話をする側からすれば、なるべく傷付けないように優しい嘘を織り交ぜたくなるのもわかりますが、その優しい嘘が長く長くその人を傷付けることになってしまうんですね。

すぐに友達に戻れる程度の思いじゃなかったから、恋人だったんでしょう。別れるときに「友達に戻ろう」なんて気休めは傷が深くなるだけよ。

優しい嘘より厳しい現実。その厳しい現実を優しく伝えるのが上手な別れ方だと思いますよ。

65

別れられない無限のループ

別れを決意したのに急に寂しくなる人へ

別れを決意する↓少し寂しくなる↓まだ好きかもしれない↓やり直す↓やっぱりうまくいかない↓ふりだしに戻る↓寂しさと愛情を勘違いし無限のループにハマる↓別れるときは自分の寂しさごと断る

よくある恋愛ループですよね。私にも経験があります。自分で別れを決意したのに、いざ別れを切り出そうとすると、えもいわれぬ寂しさに苛まれたりするんですよね。

でもこの寂しさをまだ好きだという気持ちだと解釈してしまうと、〝別れられない無限のループ〟にハマってしまうんですよ。

実はこの寂しさはですね、まだ好きだという〝愛情〟からではなくて、〝欲求〟からくるものなんですね。

つまり、〝もう愛していないのに、まだ愛されたい〟という欲求がこの寂しさをもたらしているものの正体なんです。

愛する人と別れる寂しさではなく、愛してくれている人と別れることの寂しさ、ということです。

もちろん愛されることで満たされる自尊心は誰にでもあるんですけどね。でも人間にとって大事な〝器〟というのは、誰かを愛することで満たされる〝器〟だと思うんですよ。**実は幸福感というのはこっちの〝器〟が満たされたときにこそ感じられるもののような気がするんですよね。**

それに別れを切り出すというのはそれなりの責任と覚悟があってのことですから、自分の欲求だけで、気紛《きまぐ》れにその人の人生を振り回しちゃいけないと思うんです。

女が一度口にした別れは、寂しいなんて理由で揺らぐ決心であってはならないものなんです。

66

「嫌いになったわけじゃない」という別れ方は修復不可能

別れたらあっという間に他人に戻るのがオチ

よくね、別れ話なんかで「嫌いになったわけじゃない」って言われたりするじゃないですか？　これを言われると、じゃあまだやり直せるかも！　とか思ったりするじゃないですか？　その言葉に期待を抱いたりするじゃないですか？

でも実はこれ、最もやり直しのきかない心理状態なんです。

嫌いになったわけじゃない、でももう好きなわけでもない。この状態はですね、嫌いという心理の上をいく無関心という心理の表れなんですよ。もう好きとか嫌いとか以前に、恋愛対象として関心がなくなった状態なわけです。

よくね、「他人に戻ることが別れるということですよ」と、私はＴｗｉｔｔｅｒやブログで言ったりしているんですが、「嫌いになったわけじゃない」という台詞を別れ話に持ち出す人はですね、別れたらあっという間に他人に戻ります。

相手には期待を持たせておいて、自分はとっとと他人に戻ってしまうんです。

「嫌いになったわけじゃない」と言われたらね、もう恋愛関係の修復は不可能だと思った方がいいですよ。

67

なぜ男は別れるときに「優しい嘘」を織り交ぜるのか

この「優しい嘘」を信じてしまうと……

以前、こんなお悩みをいただきました。

『付き合っていた彼と別れ話をしたとき、言われたのが「いい人」ということです。私はそんなにも特徴のない人間だったのか、なんの良さも悪さもない人間だったのかと思いました。だったら「嫌い」と思ってもらった方が人間味があるんじゃないかと思いました。この「いい人」でまとめられてしまったのはなぜなんでしょうか』

なんのために別れるのかと言ったら自分のため。ということは、別れの理由には「自分のための嘘」が反映されてしまうものなんです。相手を「いい人」として終わらせようとする人ほど「別れてもいい人として見られたい」という願望を持っているものでして。

自分からフるくせに嫌われたくないというスケベ心が、別れる理由でよく見られることの「優しい嘘」の正体なんですよ。これは「もう好きではないけどまだ好きでいてほしい」という、得るだけで与えることのない相手の勝手な欲求なんですね。

「まだ好きでいてくれることは拒まないけど、自分が好きになることは拒否しますよ」という宣言みたいなものです。

これを真に受けてしまうと都合のいい女まっしぐらになってしまうわけですよ。

「都合のいい女にされてしまうのは元彼女が最も多い」ということを覚えておいてくださいね。

別れというのはその人の本性が出てしまうもの。その本性を隠すための手段が「優しい嘘」。

優しい嘘に惑わされると、その人の本性の餌食になってしまうということです。

68

別れ話のカキクケコ

相手を失恋モンスターにしないために

普通に別れることが難しそうな相手の場合。たとえば、あなたへの依存心が強すぎる人に対して別れ方を間違えると、相手を危険な失恋モンスターにしてしまうこともあります。

半年とか1年も付きまとわれていたりするケースも中にはあるようです。

別れるときにこちらが徐々に連絡を減らしていく、フェードアウトパターンを採用したとしましょう（よく採用しがちですよね）。すると減らした連絡の分だけ相手からの連絡が増えてしまうんですよ。そうなると「あんなに連絡したのに、自分の時間を削ってまで連絡したのに」という「見返りを求める気持ち」が生じてしまうことになります。

その「見返りを求める気持ち」が相手を失恋モンスターにする動機になってしまうので、フェードアウト狙いはなかなか難易度が高いものだったりするんです。ですのでやはりどこかでちゃんと線引きをしておいた方がいいと思います。

以下は、『別れ話のカキクケコ』です、覚えておいてくださいね。

- **(カ) 感情的にならないこと**
- **(キ) 期待は持たせないこと**
- **(ク) クールに対応すること**
- **(ケ) 喧嘩にならないこと**
- **(コ) 好意は決して見せないこと**

万が一危険な目に遭わされたりした場合は、第三者の立ち会いがあった方がいいかもしれません。そういう人にはハナから対等に話し合う必要もありませんよ。

「別れる」ということは綺麗事ではどうにもならないものですからね。

69

好きな人の忘れ方の教科書

ちゃんと傷付けばちゃんと忘れられる！

「好きな人が忘れられません」という恋愛相談をいただくことが多いんですけどね。

忘れられない典型的なパターンとしては、

- **嫌いになろうと攻撃的に忘れようとするパターン**
- **好きな人の幸せを願って忘れようとするキラキラパターン**

この二種類があります。一見真逆な考え方なんですが、関心を持つという観点から見ればベクトルは同じ方向を向いているんですよね。

忘れるということは関心をなくすということですから、幸せを願うことすらしてあげない、嫌いになろうとすらしてあげない、別れたからといって特別に何かをしようとすらしてあげない。それが関心をなくすための最善策になるわけですね。

好きの反対は無関心ですから、関心をなくすことが最も辛く傷付く作業になるんですが、これはしょうがないことなんです。**嫌いになろうとしたり相手の幸せを願ってみたりするのは、どちらも辛い思いから逃げるための手段だったりします。**失恋したらやるべきことは傷付くことだけ。ちゃんと傷付けばちゃんと忘れられるんですよ。

70

恋愛ゾンビ

それはあなたのそばにもきっといる！

「愛したい」という人間的な愛情ではなく
ただ「愛されたい」という欲望への執着だけで恋愛を求めてはさ迷い
獲物を見つけてはその愛情を喰い散らかし
愛されても愛されても満たされないその欲望への執着心は
また新たな獲物を求めて恋愛を探す——街をさ迷う恋愛ゾンビ

みなさん失恋直後なんかによくこの「恋愛ゾンビ」になったりしてしまうわけですが、ゾンビの被害者になってしまった人もまた、ゾンビになってしまったりするんですよね。

これは「失恋は新しい恋愛で忘れる」という間違った都市伝説が原因だったりするわけですよ。

自分が変わらない限りどんな恋愛をしてもただ虚しいだけでして。失恋を乗り越えない限り新しい恋愛なんてできないんですよね。

新しい恋愛が新しい自分にしてくれるわけではなく、新しい自分がその恋愛を新しいものにするわけです。

その失恋から学び、その学びが身に付いて、はじめてその失恋は自分に必要のないものになり手放すことができるわけです。

そして失恋を手放すことができたときにようやく新しい自分に更新できるわけでして。そこではじめて「新しい恋愛」のできる準備が整うわけです。

ちゃんとひとりに戻れない人が恋愛ゾンビになってしまうんですね。

別れてすぐに
友達に戻れるわけじゃないんですよね。

一度他人に
戻らないと

友達にも戻れないんですよね。

――「友達」という距離感は、未練がある人にとって最も残酷な距離感ですからね

71

失恋の痛みから解放される一番の近道とは？

魔法のように痛みを忘れさせてくれる方法教えます

失恋は誰もが一度は通る難所ですよね。私がいただく恋愛相談の中で最も多いのも、失恋の痛みからくる悩みなんですよ。

よくある話ではあるけれども、よくある話じゃ済まないのが失恋の痛手なんですね。

その痛みに耐えきれずに過去の恋愛に執着したり、次の恋愛に焦ったり……**どちらも失恋の痛みから自分を守るための自己防衛本能なんですけどね。**

ここで気を付けてほしいのは、執着と焦りはかえって慢性的なストレスを抱えることになってしまうということなんですよ。

ストレスから食生活が乱れ、ネガティブになるだけの夜更かしをして、慢性的な睡眠不足からネガティブに拍車が掛かり、またストレスが溜まってしまうという悪循環にハマってしまうんです。

こうなるともう自暴自棄になって、都合のいい女にならざるをえない恋愛にしか巡り会えなくなるんですよ。

失恋から身を落としてしまう女性に共通して言えることは、失恋から生活習慣を乱してしまったということなんです。

ですからね、失恋したときこそ、早寝早起き、部屋の掃除と規則正しい食生活、化粧も手を抜かず、身だしなみもしっかり整える。

こういう当たり前だと思える生活習慣がとても重要になるんですよ。

この世に失恋の痛みを消す魔法なんてものはないんですけど、ごくごく当たり前なことの積み重ねが魔法のようにその痛みを忘れさせてくれるんですね。

辛いときほど清く、正しく、美しくあるのがいい女ってもんです。

72

消えない未練の中身とは

良い恋愛であったなら未練は引きずらない

恋愛というものは究極を言えば「捧げる気持ち」と「求める気持ち」でできているものなんですけどね。

そして人間には大きく分けて「捧げる気持ちの先行タイプ」と、「求める気持ちの先行タイプ」がいるんですよ。

この場合の捧げる気持ちは〝愛情〟でして、求める気持ちは〝欲望〟なんですけどね。

愛情（捧げる気持ち）先行型の人が失恋したときは、捧げる対象がいなくなってしまったことが未練になるわけですね。

このタイプの場合は、自分の愛情はもうその人に必要ないと思い知らされるわけですから、未練はわりと短期間で消えてしまうものなんです。

しかし欲望（求める気持ち）先行型の人というのは、その人の愛情がまだ自分には必要だと執着することが未練になるわけですね。未練の対象はあくまで求める自分にあるわけですから、当然自分からはどこまで行っても逃げられないので、長く長く未練を引きずってしまうわけです。相手との付き合い方がそのまま未練の残し方に繋がってしまうわけですね。


「愛したい」という未練は自然と消えてしまうものなんですが、「愛されたい」という執着は不自然に思えるほど消えないものなんですよ。


良い恋愛であればあっただけ未練は引きずらないもの。

愛が時間を忘れさせてくれたように、今度は時間が愛を忘れさせてくれるでしょう。

逆に悪い恋愛ほど未練は引きずるもの。

欲求で自分を満たしてきたように、今度は満たされない自分が欲求を忘れられないものにしてしまうでしょう。

73

未練が腐ると執着になる

これはぶら下がり型の恋愛体質の人に多し

ここまで読んでくださった方はもうおわかりかと思いますが、別れた恋人を諦められないことより、幸せだった自分を諦めきれないことの方が、執着が深くなります。

長く未練を引きずる人は、前の恋人を諦められないんじゃなくて、幸せだった自分を諦められないのかもしれませんね。

まぁ失恋というのは多かれ少なかれ未練は引きずるものなんですけど……。たくさんの恋愛相談に触れさせていただいているとですね、そんなに引きずるか!? ってくらい長く長く失恋を引きずっている人がたくさんいらっしゃるんですよ。

それはもう未練というより執着なんですよね。こういう方の多くはですね、恋人とお付き合いをすることで自分の幸福感をすべて恋人に託してしまっていた人に多いんです。**つまりですね、恋人を自分の幸せのための道具にしてしまっていたわけです。**

こういった相手に寄りかかり、ぶら下がるような恋愛体質だと、その人そのものよりも、その人に愛されている自分が大事になってしまうんですね。

彼を失った失望感より、幸せだった自分を忘れられないという失望感が大きくなってしまうと、自分からはどこまでもいつまでも逃げられないわけですから、長く長く未練を引きずってしまうというスンポーなんですよね。

またこういう人は失恋を新しい恋愛で塗りつぶそうという傾向もあります。**そうするといつまで経っても恋愛から自立できない悪循環にハマってしまうのでご注意を。**

恋愛も大切だけど、男がいなきゃ幸せのひとつも見つけられないような女になっちゃいけねえぜ。

74

自分嫌いは自分好き

だから自分嫌いが治らない！

自分が嫌いだという人ほど、誰と一緒にいてもどんな会話をしていても、自分のことばかり考えている節があるんですよね。

でも私は……、だって私は……、どうせ私なんて……、等々、どんな話題でも自分にフィードバックしてネガティブな自分語りをしがちなんですよ。

人と会話をするときは相手に興味を抱くもので、普通は自分のことなんて意識の外にあるもの。でも自分が嫌いだという人ほど目の前にいる人には関心を抱かず、「自分がその人にどう思われているのか」が気になって気になって仕方ないわけです。

相手に「嫌われたくない」という思いがそうさせているのですが、それはつまり「嫌いな自分を好きになってほしい」ということでもありまして……。

結局「自分を嫌っている自分が好き」ということなんですよね。だから自分嫌いから永久に抜け出せないわけです。

慢性的な悲劇のヒロイン——不憫《ふびん》な自分が愛しくてたまらないのでしょう。

自分が〝不幸になれる〟恋愛でなければ本気になれない悲恋体質の人がこれですね。

75

人はひとりでは人間になれない

〔人生にも恋愛にも「人見知り」な人へ〕

人はひとりでは人間にはなれないものでして。

人と人との関わりがあってはじめて「人間」になれるものなんです。**人と人との間に自分の「人間らしさ」が生じるものなんですね。**

相手が変われればまた違う自分の人間らしさが引き出されるものですから、自分が持っている人間らしさというものは、地球上にいる人の数だけあるわけですね。

ですから〝嘘の自分〟なんてものはないものでして。それがどんな自分でも本当の自分。自分の持っている人間らしさのひとつなんですよ。

それを「こんなの本当の自分じゃない」と否定してしまうから自分のことが嫌いにな

ってしまうわけでして。すると、嫌いな自分が出てしまうことを過剰に恐れて、人との関わりに苦手意識が根付いてしまうわけです。

人から嫌われるのが怖いというよりも、嫌いな自分が出てしまうことが怖い。

これが人見知りな人の正直なところだと思います。

誰にでも同じキャラで接している人もいますけどね。あれはどこかで無理をしないとできないものなんです。

どんな自分でも自分だと認めて素直に人と接していれば、自分なんて相手によって千差万別に変わるのが当たり前なんですね。

人はひとりでいたら皆つまらない生き物なんです。人と人の間に生じる「人間らしさ」というものが面白いんですよ。

76 元気を奪うような怒り方をして最後に元気を強要する人

どういう気持ちなのそんな人は！

さんざん人の元気を奪うような怒り方をしておいて、最後に元気を出すことを強要する人、いますよね……。

権力者に多い傾向があると思いますが、その根底にあるのは「支配欲」なんですよ。

これは「洗脳」の手口そのものですから、その人の言うことを聞いていたら自立心がなくなり、その人を妄信してしまいます。

それに抗《あらが》うとき大事にしなければいけないのは自分の自立心だと思います。

相手が自分にとって大事な人ならば、まずは相手の人格を尊重するはずなんですよね。

人格を尊重した上で「元気を出してほしい」と願うのならば**「強要」という安易**

な方法はとらないはずなんです。

「元気がないときに最も安心できるのは「元気がなくてもいいんだよ」という、今の自分を肯定してくれるような言葉だと思うんです。どんな自分であっても、それを受け入れてくれる人の存在が自分の元気の源になったりするんですよ。

でも元気を出すことを強要する言葉というものは、今の自分を否定されているような言葉に感じられて、ますます元気なんて奪われてしまうものなんです。

その人のことを本当に大事に思っているのなら「元気出せ」なんて言葉は軽々と出てこないものなんですよね。

もう頑張れない人に「頑張れ」と言っても残酷な仕打ちになるだけです。

もう頑張れない人には「頑張ったね」と言ってあげるのが人としての愛情なんですよ。

これは恋愛関係にもあてはまります。

77

へこんだときほど美しく

一番てっとり早い「心の整え方」

恋愛関係の悩み事が拗《こじ》れてしまっている人というのは、だいたいは部屋が散らかっていたりするものでして。化粧や服装等からも「やっつけ感」が滲《にじ》み出ているんですよね。

そこでやりがちなのが、まずは内面から整えて、そして外見にアプローチしていこうというやり方なんですけども。内面から着手することってすごく難易度が高いんですよね。

多くの場合は負のスパイラルに翻弄されてしまうだけで、ただ螺旋《らせん》階段を下へ下へと下りて行くような堂々巡りの悩みに内面を消耗するだけになってしまうことが多いんです。

実は内面を良い方向に向けるためには、外見的なことからアプローチした方がてっとり早かったりするんですよ。

見た目を綺麗に着飾ったり、身の回りを綺麗に掃除したり、ほんのちょっとしたことで気分が軽くなったりするんですよね。

その気分が変わったときに堂々巡りの悩みに出口が見えたりするものでして。

外見や身の回りに気を使っている人ほど内面的なコントロールも上手なんです。

「余裕がないとき」というのは「余計なものがある」というときでして。外見からアプローチすると余計なものがなくなるんですよ。

すると余計なものがなくなった分だけ余裕が生まれ、悩みが整理整頓されて突破口が見えたりするんですね。

「へこんだときほど美しく」

これは自分自身をコントロールする上でとてもとても大事なことなんですよ。

おわりに

恋愛でも人生でもなんでもそうですが、自分以上のものを出そうとすると何も出てこなくなってしまうんですよね。

このときまさに「自分が嫌い」という状態なんですが、今の自分が嫌いだからこそ、今の自分以上のものを出そう出そうとしてしまうわけでして。

しかし今の自分以上のものなんて今の自分には出せないものなので、何も出せない自分にイラついて自分嫌いに拍車が掛かってしまい、何も出せない自分から自分らしさを見失ってしまったりするんですけどね。

その結果何もできずに立ち往生。

前にも後ろにも進むことができなくなり、その場で塞ぎ込むしかなくなってしまうわけです。

結局は今の自分には今の自分しか出せないものなんですよね。

どんなに力足らずな自分でも、まずは認めてあげないと何もできないのが人というものなんですよ。

今の自分にできないことをやろうとすることが「頑張る」ということ。

今の自分にできることをやることが「楽しむ」ということ。つまり、どれだけ今の自分に夢中になれるのか――それが「楽しむ」ということなんです。

何が楽しいかって、夢中になればなるほど自分の知らない自分が出てくるのが楽しいんですよね。

恋に人生にと、どんなに頑張ってもそれを楽しんでいる人には敵わないもんです。

自分を好きか嫌いかなんて実はそれほど大きな問題ではないんですよ。

「今の自分を使ってどれだけ自分の可能性を引き出せるのか」

その一点だけに集中すること。

それが「恋愛も人生も楽しむ」究極のコツなんじゃないかと思っています。

２０１４年11月吉日　ＤＪあおい

解説

紗倉まな

ＤＪあおいさんとは、いったい何者なんだろうか。どれだけの恋愛をして、どれほどの人と付き合えば、ここまで恋愛の隅から隅までの悩みを的確にまとめあげることができるのだろうか……という素朴な疑問は常にあるわけでありまして、「ＤＪあおい」という実体像を懸命に想像してみても、いつまでもひもとけないミステリアスな魅力が、やはり、すごい。ぱきっとした化粧をして、前髪をかきあげながら「恋愛とはこういうものじゃ！」と語られているわけでもない。読めば「そうだよね」という納得と、ぴったり心に寄り添う響きをもたせてくれる。ページをめくりながら出た鱗《うろこ》、はて、何枚あったっけ。数えきれないや。

ひとつの愛が終わって身体《からだ》から絞り出てくる感情や、別れた相手と自分という人間の考察というのは、辻斬りの如《ごと》く恋愛をしてきたからといって理解できるとも限らないし、だいたい、恋愛をたくさんすればするほど、どこか異性に諦めてしまったり、ゲームをクリアするように関係をスピーディーに展開しているところもあるわけで、そのうちほら、立ち止まってしまうんだよな。きりがないのだな。私の周りにもそういう女性はたくさんいて、挙句の果て、開いた口からは「私の何がいけないんでしょう……」とこぼれでる始末でありまして、結局自分にできることといえば、ただの慰めで終わってしまうのであります。あのとき、はやくこの本を渡しておけばよかったなぁと、非常に後悔。「愛されるより愛したい」なんてフレーズは歌になるほどの基本形だけれど、私はやはり、愛されたいという圧倒的な承認欲求を強く抱きながら生きてきてしまったところがある。愛されるために何かを頑張ることはできても、誰かを愛することに頑張りたいとはなかなかなれないのは、なぜだろうか。それでも「愛されることよりも愛する」というのが、恋愛の根幹であることはきっと間違いなくて、本を読みながら何度も「愛する」という難題について考えさせられた。

愛されるための○○とか、愛される○○メイクとか、そういったもので溢《あふ》れる昨今、それにすがる私たちの生活は、容姿をかわいく仕上げる術で溢れかえっているものの、自分を愛する方法においては皆無で、「そのへんで調達してきてください」といわんばかりにおざなりなのであります。そんなときこそ、DJあおいさんが颯爽と登場なのだな。自分を大切にして、自分を愛して、誰かを好きになって、その人を愛して、そこでようやく相手からの愛情をもらえるというのが、本来の、恋愛をする上でのマナーになっているのだとしたら、その過程をどこか遠くに投げてしまっているのかもしれない。もうどこにも見えぬほど小さくなってしまって、誰からも見つけられなくなってしまっているものを発見させてくれる恋愛指南本というのは、世の中にどれくらいあるのだろうか。

ところで、私は好きな本の好きなページに必ず折り目をいれるのだけれど、あおいさんの本を読むといつも、見事なまでの数の折り目で、本自体の分厚さが増してしまう。

この折り目の数だけ安心している自分がいて、手元にあることの、なんてありがたいことか。お守りのように心の中に留め、好きな言葉にすがり、そして本当にその言葉が自分の軸となってぶれずにいられることもある、と私は思っているのですが、皆さんはどうですか。そしてそういった不動の言葉を世の中に大量放出しているのがＤＪあおいさんという人物で、女と男という性別に媚《こ》びた話をするわけでもなく、こうしたほうがいいと明言するわけでもなく、ただ淡々と、男と女という生き物の、本能的な性質を語ってくれているのである。そして読み進めていくうちにわかるのは、そうした性別をも超えた「人間の不完全な性質」なのである。どれだけこの世が変わろうと、心が豊かになろうと、物で満ち溢れ便利になろうとも、男と女という性と人間自体が変わることは絶対にないのだと気づかされる。別れる間際に相手の短所をたくさん見つけ、恋愛が上手《うま》くいっているときにだけ相手の長所を見つけられるような不器用な私たちだからこそ、「うん、その気持ちもわかるけどさ、許してあげようよ」とこっそり囁《ささや》かれているようで、なるほど、いい意味で夢を見させない。

どれほど白馬の王子様を探そうが、実際、目の前に現れるのは単車に乗ったおじさま私とかだし（まぁそれはそれでとても素敵なんだけど、王子様というよりは、殿よね……）、だって相手が求めるような淑女になんて全くなってないわけで、求めあう理想像という意味では、いつまでもお互い様なのかもしれない。大きさは違えど、人間、どこかしら欠陥というものが必ずあって、その穴を埋めるかのようにその人にしかない魅力というものがあるのだろう。「だけど、あともう少しだけ良いものが欲しい」と、高いヒールを履きながら、心まで一緒に背伸びをしてしまう。本当は楽なスニーカーを履いて生きていきたいのに、靴擦れを見つめて虚しくなる日々を選んでしまう。相手を見つめて生きること、欠陥も含まれた相手の弱い部分をも受け入れて許してあげることも大切で、すなわちそれは、自らの生きやすさを見つけることなのかもしれない。

で、私の最近の悩みは出会いがないことです。まず「恋愛をする」という舞台にすら立てていないのですよ。あおいさんなら、このときなんて語りかけてくれるのだろう。とりあえず、靴ひもを結ぶところからのスタートであることは、間違いないよね。

——ＡＶ女優／作家

この作品は二〇一四年十二月ワニブックスより刊行されたものです。

じゃあ言《い》うけど、それくらいの男《おとこ》の気《き》持《も》ちがわからないようでは一生幸《いっしょうしあわ》せになれないってことよ。

DJあおい

平成30年2月10日　初版発行

発行人——石原正康
編集人——袖山満一子
発行所——株式会社幻冬舎
〒151-0051東京都渋谷区千駄ヶ谷4-9-7
電話　03(5411)6222(営業)
　　　03(5411)6211(編集)
振替00120-8-767643
印刷・製本—株式会社 光邦
装丁者——高橋雅之

幻冬舎文庫

ISBN978-4-344-42700-6　C0195　て-6-1